社会資本整備と
国づくりの思想

山本　基
Motoi Yamamoto

亜紀書房

はしがき

　日本は、近代国家になってから2度大きな発展をとげた。1度は明治維新後であり、もう1度は第二次世界大戦後である。2度の発展に共通していることは、国家存亡の危機に際して、国の指導者がそれまでの流れを遮断し、新たな国づくりの目標を明示して、国民を導くために、公共投資により国づくりの基盤となる社会資本整備を集中的に行ったことである。明治維新後の社会資本整備は日本での産業革命や資本蓄積を支える基盤となり、第二次世界大戦後の社会資本整備は太平洋ベルト地帯を中心に工業化を進め、高度経済成長を支える原動力となった。いずれの場合も、社会資本整備は一つ一つの事業の効率性などという視点ではなく、国全体の発展のために総合的な視点で行われていた。また、社会資本整備は短期的な景気浮揚策としてではなく、日本の国づくりのために長期的な視点で行われてきた。

　河川、道路、鉄道、港湾、農業基盤等の社会資本は、国民生活や経済・産業活動に不可欠な基盤である。このため、社会資本整備は国民にとって有益なものであった。ところが、1990年代以降、社会資本整備は国民から必ずしも歓迎されず、むしろ批判さえされるようになった。この背景として、1990年代以降、アメリカからの要求などにより公共投資が増大して国や地方自治体の財政悪化を招いたこと、政官財の利権構造や自然環境の破壊などにより公共事業批判が行われたこと、景気対策や地方への所得再配分のために効果が少ない公共投資のばらまきが行われたことなどの直接的要因が列挙されるが、その根本には、明治以降、それまで社会資本整備に関わっていた地域の住民に代わって、行政が推進主体となって社会資本整備を推進する過程で、社会資本整備と国づくりの関わりがしだいに希薄化し、推進主体に対する国民の

支持が薄れてきたことがあると考えられる。

　本書では、社会資本整備が日本の国づくりにどのように関わりを持ってきたのかを歴史的に考察した上で、今日の社会資本整備と国づくりの関わりについて課題を整理し、あるべき国の姿に向けて社会資本整備を進めることの必要性を示すとともに、日本のあるべき国の姿として自立的に発展するための道筋を提案している。

　本書は4章構成となっているが、各章の概要は以下のとおりである。

　第1章「社会資本整備と国の発展」では、社会資本整備の歴史を概観し、社会資本整備を推進するための要件と推進主体に備わっていた思想について考察するとともに、日本が発展をとげた明治から戦前期と戦後期の2つの時期について社会資本整備と国づくりの関わりを考察している。これにより、社会資本整備の歴史的考察では、時代ごとに推進主体があるべき国や地域の姿をめざして社会資本整備を行っており、その推進主体には、国や地域を治める「統治の思想」、国や地域を豊かにする「発展の思想」、世のため人のために尽くす「利他の思想」が備わっており、そのことが推進主体に対する国民の支持の基盤となっていたことを示した。また、明治から戦前期と戦後期の社会資本整備と国づくりの関わりに関する考察から、明治以来、東京など太平洋ベルト地帯の大都市圏に社会資本を集中投資し、人口や経済・産業機能等を集中させることにより、経済発展を果たしてきた大都市圏牽引型の国づくりは、短期的には経済発展にとって有効な手法であったが、その国づくりを継続することにより、大都市圏では過密問題が起こり、地方では人口の流出に伴う地域の衰退や意欲低下をもたらし、日本を停滞させる要因にもなってきていることを示した。

　第2章「川と道をめぐる住民と行政」では、社会資本整備の中で河川と道路を取り上げ、全国的な流れを踏まえた上で、四国の川づくりと紀伊半島の道づくりを例として、明治以降の川と道を

めぐる住民と行政の関わりを考察し、河川整備と道路整備に共通することとして3つの点を抽出している。第1に、国による河川と道路の統一的な管理が進行したことにより、日本の経済発展の基礎づくりに貢献してきた一方で、国が地方自治体を管理する体制も整備されて、国主導・地方自治体従属の関係が河川整備や道路整備を地域づくりに十分に活かしにくい仕組みをつくってきたことである。第2に、行政による河川整備や道路整備が進むほど、地域住民が河川や道路から離れ、場合によっては河川整備や道路整備をめぐって地域住民と行政が対立するような状況も生まれてきたことである。第3に、河川整備と道路整備を進めるほど、都市に人口や諸機能が集中し、その都市がさらに河川整備や道路整備に関する高い要求をし、それに対応して都市への投資が継続して行われてきたことである。

　第3章「1990年代以降の社会資本整備」では、公共事業批判が行われるようになる1990年頃の時代性を整理した上で、1990年代以降の社会資本整備について考察している。この結果、1990年頃から、日本を取り巻く内外の変化により、①公共投資基本計画や景気対策としての公共事業の実施により公共事業費が増大するとともに、政官財の利権構造、自然環境の破壊、国・地方自治体の財政悪化などさまざまな面から公共事業批判が行われるようになったこと、②公共事業費が増大する過程で、地方自治体は国の事業を求めて陳情活動を行うようになり、このことが地方自治体の自立性・自主性を弱めたこと、③国は社会資本整備の推進について世論やマスコミ報道に配慮するようになったこと、④公共事業関係費が削減される中で、推進主体は効率性に活路を見いだし、効率重視の社会資本整備を進めるようになってきたことなどを示した。ここでは、社会資本整備により国づくりをどうするかという視点は希薄になった。思想希薄化の時代の社会資本整備である。

　第4章「これまでの国づくりと新たな国づくり」では、大都市圏牽引型の国づくりが進む中で、それに対抗して「国土の均衡あ

る発展」をめざして行われてきた戦後の国土計画について考察するとともに、国内総生産の伸び悩みに直面して今日進められている海外の成長力を取り込む形での国づくりを続けた場合の日本の国の姿を展望し、日本は自立的な国づくりをめざすべきことを述べている。戦後の国土計画に関する考察からは、①国がめざすべき方向で国土計画を進めるためには国民の支持が必要であること、②「国土の均衡ある発展」という大義名分が地方に公共投資をばらまくことに使われたことを反省し、重点地域に集中投資をすることが重要であること、③大都市圏に比べて投資環境が劣る地方圏への民間資本の導入を進めるためには、市場経済に対抗する強力な政策を継続して推進することが重要であること、④国を発展させるためには国と地方自治体が相互に信頼関係の上に立って、将来の国づくりに向けた思いを共有することが大切であることを示した。その上で、今日、国内総生産の伸び悩みを打開するために、海外の成長力を取り込む形で国づくりを進められているが、このまま海外依存の国づくりを進めて行けば、日本は衰退する。このため、新たな国づくりに向けて考え方を転換し、新たな大都市圏の創造により国が自立的に発展する方向に向かうべきことを提案している。

　日本の国土・国民には、国を発展させるための潜在的な力があり、その潜在的な力を十分に発揮させるために、経済と土木を結合させて、あるべき国の姿を描き、その国の姿を実現するために総合的・長期的な視点で社会資本整備を活かしていくことが重要であるというのが、本書の基本的な立場である。

社会資本整備と国づくりの思想 | 目次 Contents

はしがき　1

第1章　社会資本整備と国の発展　9

1. 社会資本整備の歴史的考察　10
　1-1　時代別概観　10
　1-2　社会資本整備と国のかたち　16
　1-3　社会資本整備推進の要件　17
　1-4　社会資本整備の思想　19

2. 明治から戦前の社会資本整備と国づくり　22
　2-1　公共投資と地域配分　22
　2-2　工業化による大都市圏の発展　27
　2-3　人口の地域別動向　32

3. 戦後の社会資本整備と国づくり　35
　3-1　公共投資と地域配分　35
　3-2　民間投資の地域別動向　40
　3-3　人口の地域別動向　42
　3-4　地域別総生産の動向　45

第2章　川と道をめぐる住民と行政　51

1. 川をめぐる住民と行政　52
　1-1　川への住民の関わりと行政による河川整備　52
　1-2　四国の川づくりにおける住民と行政　59

2. 道をめぐる住民と行政　73
2-1 道への住民の関わりと行政による道路整備　73
2-2 紀伊半島の道づくりにおける住民と行政　80

3. 明治以降の河川整備・道路整備に共通すること　91
3-1 国による河川と道路の統一的な管理の進行　91
3-2 河川と道路からの地域住民の乖離　93
3-3 都市への河川整備と道路整備の集中　94

第3章　1990年代以降の社会資本整備　99

1. 1990年頃の時代性　100
1-1 東西冷戦の終結と日本を取り巻く環境の変化　100
1-2 バブル経済の崩壊　101
1-3 政治の混乱　103
1-4 戦後教育による精神の荒廃　104

2. 公共投資の推移と公共事業批判　105
2-1 公共事業関係費の推移　105
2-2 公共事業批判　110

3. 世論に左右される社会資本整備　114
3-1 徳島市の住民投票の経緯　114
3-2 住民投票に伴う動き　117
3-3 「9割が反対」の意味　122

4. 効率重視の社会資本整備　126
4-1 道路整備をめぐる効率重視の流れ　126
4-2 費用便益比（B/C）による道路整備　132

5. 今日の社会資本整備の課題と国づくりの思想　137

5-1 今日の社会資本整備の課題　137

5-2 国づくりの思想の重要性　138

5-3 社会資本整備を国づくりに活かすための要点　139

第4章 これまでの国づくりと新たな国づくり　145

1. 大都市圏への集中と国土の均衡ある発展　146

1-1 戦後の国土計画の流れ　146

1-2 戦後の国土計画から学ぶこと　150

2. 海外に依存する国づくり　158

2-1 企業の海外展開　158

2-2 企業の海外展開の背景　167

2-3 予測される将来の日本の姿　169

3. 新たな大都市圏の創造による国の自立的発展　170

3-1 新たな国づくりに向けた考え方の転換　170

3-2 新たな大都市圏の創造　172

3-3 新たな大都市圏創造のために必要なこと　176

参考文献　186

あとがき　190

索引　193

第1章 社会資本整備と国の発展

1. 社会資本整備の歴史的考察

1-1 時代別概観

　古代、中世、近世、近代、現代という時代別に社会資本整備がどのように進められてきたのかを概観する。

①古代

　日本書紀によると、仁徳天皇11年（383）に、都がある難波津の淀川と大和川の河口を整理するため堀江が開削され、淀川からの水害防止のため茨田堤が築造された（写真1-1）。これが日本の大規模治水工事の始まりと言われている。淀川では、その後も和気清麻呂が延暦4年（785）に淀川から三国川を分流

写真1-1　史跡「茨田堤」の石碑
（大阪府門真市）

したり、延暦7年（788）に大和川の付替工事などを行ったが、これらの大規模工事は朝廷による直轄工事として行われた。なお、この時の大和川付替工事は成功には至らず、大和川の付替が実現するのは900年以上も後の宝永元年（1704）のことであった。

　また、律令制のもとでは、全国は畿内と七道に行政区分され、各地に国司、郡司が配置されていた（図1-1）。朝廷がいる中央と地方の間には東海道、東山道、北陸道、山陰道、山陽道、南海道、西海道の七道駅路が整備され、徴収した税を朝廷に納める輸送や情報の伝達などに用いられた。民には租、調、庸の負担と年間60日を限度とした雑徭という労役が課され、河川、道路の改修等は国司などの命令で行われた。大宝元年（701）の大宝律令の中の営繕令には、河川、道路等の整備について以下のように記されている。[1]

「第十二條　津橋道路の條

港湾・津渡・道路・橋梁は、毎年十月の中旬より修繕工事を始めて、十一月中に竣成せよ。要路破損凹陥し水溜を生じたる為め交通杜絶するが如き時は、直ちに人夫を督励して復旧工事を施せ。又管轄役所に於いて処弁し能わざる程度のものは、中央上司に申請せよ。
第十六條　大河の條
　大川湖海に近接して堤防防備のある場所は、国司郡司等は平時時々巡視せよ。若し修繕を要する場所あらば、秋収穫後直ちに工事に着手せよ。但し人功の多少を予算して、近所より遠き所に及ぼし、若し洪水氾濫し

図1-1　古代の五畿七道
資料：国土交通省ホームページ

堤防決壊せば、時限に拘らず、人家に被害有る所により先づ修繕せよ。而して五百人以上を要する工事は、且役し且つ上申し、若し至急を要せば、軍団の上番兵をも通じて使役して差支なし。然れども五日間により過使は許さず。」

　古代の社会資本整備は河川の堤防や道路、港、橋などの壊れた所をなおす災害復旧工事が中心であったと考えられるが、収穫時期をはずして集中的に工事をするとか、大規模災害の場合には軍団を使うこともできるなど、今日の災害復旧工事にも通じることが書かれている。

②中世
　国司・郡司のうち地方に定着した豪族や社寺は、荘園の開発を進め、自らの勢力を拡大した。荘園の拡大は土地の公有を建て前とする律令制を崩壊さ

せ、各地で武士が発生、成長することになった。

　鎌倉時代の当初には幕府が鎌倉と京を結ぶ街道を整備するなどの広域的な工事も行ったが、律令制が崩壊した鎌倉・室町時代は基本的に地方分権の時代であり、特に室町時代には各地の武士が力を強め、城を築き、城下町をつくるなどして領地を支配した。このため、この時期の社会資本整備は地域ごとに領地の開発や災害防止、農業生産の増加をめざして、開墾、干拓、治水、利水事業などが行われた。武田信玄が甲府盆地の水害を防ぎ、領地を治めるために釜無川・笛吹川の治水事業を進めたのは、その一例である。

　領国ごとに管理が行われたため、領地を管理する武士や社寺は関所を設けて、通行料を徴収していた。例えば、室町時代には、淀川沿岸に380余、宇治橋より美濃までの間に27、参宮道桑名・日永間3里ほどの間に60余の関所があり、人別一銭を取っていたという。[2] 関所は交通を阻害し、広域的な経済の発展をも阻害していた。

　織田信長は永禄12年（1569）伊勢を平定すると、関所を原則廃止し、東海道、東山道に4人の道奉行を置いて道路整備を進めた。豊臣秀吉も、天正18年（1590）小田原攻めを終えると、奥州制圧のため小田原・会津間の道路の幅員を3間に定めるなどして、軍事的理由から道路整備を進めた。全国統一をめざす信長や秀吉にとっては、関所は全国統一を妨げる障害であり、道路整備による交通の確保が重要と考えられていたのである。

③近世

　江戸時代は地方分権的な社会であり、幕府は基本的に各藩の政治に関与することはなかった。これは、幕藩体制では、幕府は大名に領地を与え、領民の生活については藩が責任を持つこととされていたためである。このため、社会資本整備についても、各藩で事業を施行する武家役普請、または村々の負担で事業を行う村役普請のように、限られた地域的な範囲で行われた。

　しかし、享保5年（1720）吉宗の時に、上記の武家役普請、村役普請に加えて、国役普請が行われるようになった。これは、幕府の指揮のもと行われた大規模で広域的な土木工事であり、費用は一時的に幕府が立て替え、竣工後に全費用の9割が所定の領国に賦課された。ただし、20万石以上の大藩に

については各藩自らが行うこととされ、国役金の賦課はなかった。また、幕府は木曽三川の治水工事を薩摩藩に命じるなど、御手伝普請を通じて諸藩を統制していたことから、前述のとおり江戸時代は基本的に地方分権的であるが、幕府は中央集権的な機能も果たしていたと言える。

江戸時代に行われた社会資本整備は主に水害を防ぎ、農業生産を振興するための治水、農業水利施設、開墾等の事業であった。例えば、土佐藩では野中兼山が物部川や仁淀川の改修や堰の構築により新田開発を進めて、藩財政に貢献した。また、前述のとおり和気清麻呂が果たせなかった大和川の付替工事は宝永元年（1704）に実現し、河内平野を北流して淀川に合流していた大和川を柏原から西流させることにより、淀川の治水と河内平野の新田開発が進められた。

また、交通については、寛永12年（1635）家光の時、武家諸法度により、参勤交代が制度化されるとともに、道路、駅馬等を絶やさないこと、私的な関所をつくらないことなどが定められた。幕府は江戸を中心とする東海道など五街道を直轄整備し、道中奉行を置いて管理するようになり、脇街道などを含めて、今日のおおよその国道網が形成された。しかし、幕府は軍事的配慮から要所に関所を設置したり、架橋を禁止したり、500石以上の大船の建造を禁止するなどしていたため、自由な往来が阻害されていた。江戸時代には経済発展よりも、日本の国をいかに統治するかが重視されていたのである。

④近代

明治政府は近代的な国づくりをめざしたが、その基盤となる社会資本整備のための資金は不足していた。このため、政府がまず取り組んだのは、それまで人々の自由な活動を阻害していた封建的な縛りを排除することであった。関所の廃止、移動・移住の自由化、民間輸送の自由化、架橋・渡船禁止の廃止等を進めて、社会全体に上昇機運を盛り上げることから始めた。[3]

陸上の交通路としては鉄道が重視された。明治政府は、欧米列強による日本の植民地化を招くとの理由から当初は外資の導入を極力排除したが、明治5年（1872）の新橋・横浜間の鉄道敷設は外資により行われた。これにより鉄道の実用性が認識されたこともあり、政府は外国人技師を招くなどして、

鉄道整備を国内統一・文明開化のシンボルとして積極的に進め、明治22年（1889）には新橋・神戸間が開通、明治39年（1906）には鉄道国有法が制定、そして明治44年（1911）には国鉄延長が7,166kmとなり、拠点となる都市や港湾を結ぶ全国の幹線鉄道網がほぼ完成した。明治20年代から昭和初期にかけては、公共投資の4〜5割前後が国鉄に投じられていた。

河川も明治初頭は交通路として考えられた。明治政府は外国人技師を招くなどして、舟運のための低水工事を各地で行ったが、明治20年代に水害が頻発し、洪水対策の高水工事が求める声が強まってきたため、明治29年（1896）に河川法が制定され、国が直轄河川を指定して、治水事業を行うことになった。

港湾については、明治政府が東北開発の拠点として推進した宮城県の野蒜港の築港事業が明治14年（1881）に完成したものの、台風災害等により野蒜港が放棄されることになったこともあり、この後、港湾事業は停滞した。しかし、幕末の4国艦隊下関砲撃事件で日本がアメリカに支払った賠償金が返還されることになり、その資金を活用して開港以来放置されていた横浜港の築港事業が明治22年（1889）に着工され、その後、各地の港湾整備が行われることになった。

陸上の輸送機関としては鉄道が重視されたこともあり、明治以降、国による道路整備は本格的には行われなかった。しかし、大正12年（1923）の関東大震災により関東地方の鉄道網が壊滅状態になったため、鉄道に比べて投下資本が少なくて済むトラック事業が発展し、それを機に道路整備が進められることになった。[4] また、昭和初期の恐慌期には、時局匡救計画の一環で失業救済改良事業が実施され、公共投資の3割程度を道路投資が占めるほどになった。

農業基盤については、明治初期には士族への授産を目的とした開墾事業が中心であったが、人口増加に伴い食糧増産が主要な課題になる中で、明治32年（1899）に耕地整理法が制定され、その後の法改正により明治40年（1907）頃から耕地拡張を目的として国の補助や融資による大規模な灌漑排水事業などが行われるようになった。さらに大正7年（1918）の米騒動を契機として翌8年（1919）には食糧増産のため開墾助成法が制定され、耕地拡張に対する補助制度が拡充していった。なお、昭和初期の冷害凶作時には、農村の失

業対策のため時局匡救農村土木事業が行われた。

⑤現代

　第二次世界大戦後は食糧不足と海外からの引揚者等の受け入れが緊急の課題となり、緊急開拓事業や食糧増産のための土地改良事業が行われた。昭和24年（1949）には土地改良法が制定され、農地改革により創設された自作農を支援する土地改良事業が各地で行われるとともに、愛知用水事業や八郎潟干拓事業などの大規模な事業も行われるようになった。また、戦後まもなくは台風などにより水害が頻繁に起こり、食糧増産と並んで国土保全のための治山治水対策も重視された。このため、昭和25年（1950）には、アメリカのニューディール政策とTVA開発計画を参考にして国土総合開発法が制定され、これに基づいて21の特定地域でダム開発を含む河川総合開発などが行われた。さらに、昭和29年度（1954）からは治水十ヵ年計画が開始されることになった。

　経済の成長に伴い、道路、港湾などの交通基盤や工業用地の整備などが求められるようになった。道路については、昭和27年（1952）に新道路法が、翌28年（1953）には揮発油税を特定財源化する道路整備の財源等に関する臨時措置法が制定され、昭和29年度（1954）からは道路整備五ヵ年計画が開始されることになった。自動車交通が発達する高度成長期には高速道路を含めて道路整備に対する要望はますます高まり、公共投資に占める道路投資の割合は上昇し続けることになる。

　また、昭和30年代には東京湾、伊勢湾、大阪湾で海面埋立による工業用地造成が行われ、鉄鋼や石油化学のコンビナートが形成されるようになり、港湾施設の整備が求められた。このため、昭和36年（1961）に港湾整備緊急措置法が制定され、昭和36年度（1961）から港湾整備五ヵ年計画により港湾整備が進められた。昭和37年（1962）に策定された全国総合開発計画では新産業都市や工業整備特別地域が指定され、拠点開発方式により港湾建設や埋立地造成が行われ、太平洋ベルト地帯の京浜、中京、阪神、北九州の4大工業地帯以外の地域にも臨海工業地帯が形成されることになった。

　戦前に公共投資の中心であった鉄道については、東海道新幹線が昭和39年

(1964)に開通し、新たな高速鉄道の時代が始まった。一方で、地方での過疎化の進行や自動車交通への転換、国鉄の分割民営化等を背景として、既設鉄道の廃止が相次ぎ、新規の鉄道整備は新幹線や都市部にほぼ限られるようになった。

　戦後は河川、道路、鉄道、港湾、農業基盤等の社会資本整備が集中的に行われ日本の経済成長に貢献してきたが、バブル経済が崩壊した1990年頃からは、政官財の利権構造、国・地方自治体の財政悪化、環境問題への関心の高まり等を背景として公共事業批判が繰り広げられるようになった。

1-2 社会資本整備と国のかたち

　社会資本整備を時代別に概観すると、国のかたちが中央集権的であるか地方分権的であるかによって、社会資本整備の規模が規定される傾向があることが分かる。河川でも道路でも大規模な事業を行うためには、多量の労力、多額の資金、高度な技術力が必要となるため、概して中央集権国家であれば大規模な社会資本整備を行うことができるが、地方分権国家では小規模なものにとどまらざるを得ない。

　古代に、今日の高速道路の路線とほぼ重なり合うように都から地方を結ぶ幹線道路が機能していたことは、いかに古代の律令国家が中央集権的な力を持っていたかを物語るものである。これに対して、中世には各地の武士などが領地の拡大や農業生産の増大をめざして開墾や治水、利水事業などを行ったため、社会資本整備は地域単位で行われ、比較的小規模であった。地域ごとの社会資本整備の進め方は地方分権的な江戸時代にも継続されたが、徳川幕府は大規模で広域的な土木工事を国役普請として諸藩に命じたり、御手伝普請などにより諸藩を統制していたことから、幕府は中央集権的な機能も果たしていたと言える。

　明治時代になると、統一的な近代国家を形成するために政府が鉄道整備などの大規模で広域的な社会資本整備を進める一方で、社会資本整備に関する補助制度などを通じて中央政府が地方を管理する体制も形成されてきた。第二次世界大戦後は地方自治制度の導入により地方主体の社会資本整備も進め

られることになるが、中央政府主導の社会資本整備の仕組みはさらに整えられ、河川、道路、港湾、農業基盤等の各分野で大規模で広域的な社会資本整備が一層推進されるとともに、中央政府が地方を管理する体制も一層強化されることになった。

このように、中央集権制のもとでは、国づくりのために大規模で広域的な社会資本整備が進められるが、その代わりに事業が国全体を見る中央の視点で行われるため必ずしも地域の実情に適合したものにならない場合もありうる。これに対して、地方分権制のもとでは、社会資本整備の推進主体が地域の実情に精通しているため地域に合った事業が行われる半面、地域的な範囲が限られ規模も小規模なものに限定されるため、地域間にまたがったり、全国的あるいは海外にまで関係するような大規模で広域的な社会資本整備を行うことは難しいことになる。このため、国の発展と地域の発展の双方をめざすためには、社会資本整備を進めるに当たり、中央政府と地方がそれぞれに合った役割を果たすことが重要であることを歴史は教えている。

1-3 社会資本整備推進の要件

社会資本整備を歴史的に見ると、社会資本整備を推進するための要件として以下の6点が重要であると考えられる。

①推進主体の意思

社会資本整備の推進主体は武士、僧、庄屋などの個人である場合も、朝廷、幕府、藩、政府、地方自治体などの組織である場合もあるが、社会資本整備を進めるための第一の要件は推進主体の意思である。推進主体が何をめざして社会資本整備を行うのかということである。推進主体には、本来、社会資本整備の実施により実現される国や地域の姿が描かれているはずであり、そのあるべき国や地域の姿を実現するために社会資本整備が行われることになる。

②推進主体への支持

　推進主体が社会資本を整備したいという意思を持っていたとしても、国民から推進主体が支持されない場合にはその社会資本整備は目的を達成することができない。明治維新後や第二次世界大戦後に日本が社会資本整備を急速に進めることができたのは、日本の国を何とかしなければいけないと多くの国民が考えていて、あるべき国や地域の姿をめざす推進主体の意思を支持していたからである。なお、推進主体への支持は、封建社会のもとで支配者と被支配者の関係により強制的、抑圧的な形態をとることも、民主主義社会のもとで国民が意見を述べたり、投票で支持を表明する形で行われることもある。

③社会の安定

　社会資本の整備や効果の発現には一定の時間を要するため、社会資本の整備を推進するためには社会の安定が必要である。古代の七道駅路は大化の改新から延喜式が定められるまでの約270年間に整備されたが、この間は朝廷の威光が強く働いていた時期であった。また、260年以上続いた江戸時代には農業水利施設の整備、新田開発、河川の分流、干拓事業などが行われ、今日の日本の骨格が形成されたと言われているが[5]、これもこの時代の社会の安定が背景にある。逆に、社会が不安定な第二次世界大戦中には社会資本整備が抑制された。

④制度

　時代ごとに指導者は社会資本整備を推進するために制度をつくってきた。古代の大宝律令の営繕令には河川、道路等の修築についての決まりが記されており、江戸時代の武家諸法度には参勤交代の制度化や道路管理に関する記述がなされていた。また、明治時代以降には河川法、鉄道国有法、道路法等の法制度が定められ、戦後は新しい法律に基づいて計画が策定されて社会資本整備が推進された。一方、明治初期にそれまで人々の自由な活動を阻害していた封建的な縛りを排除することにより社会資本整備の気運を盛り上げたが、それまでの制度を改革することも社会資本整備の推進にとって重要で

あった。

⑤資金
　社会資本整備を進めるためには資金、労力が必要である。社会資本整備の規模が小さい場合や貨幣経済が発達していない段階では労務の提供により賄われることもあるが、規模が大きくなるにつれて多額の資金が必要となる。指導者はその時々の状況を勘案しながら、社会資本整備に使う資金量や部門別の配分などを判断してきた。また、必要な社会資本整備に対して資金量が足りない時には外国から資金を借りたり、公債を発行して資金を集めたり、揮発油税等の税の徴収により道路整備を行うなどしてきた。

⑥技術革新
　社会資本整備を進めるためには技術力も必要である。これまで困難と考えられてきた事業が技術革新により進められてきたことは歴史が教えている。空海は決壊したままになっていた満濃池をアーチ型土堰堤という技術を用いて修築し、武田信玄は釜無川の氾濫を防ぐために支流の御勅使川との合流点を付け替えて洪水流を抑えるなどの工夫をした上で信玄堤を築いた。また、明治時代以降は、外国人技術者を招聘したり、欧米諸国に留学生を派遣して先進的な技術を学んで、国内の鉄道、河川、港湾、道路等の整備を進めてきた。

　これら6つの要件のうち、特に重要なのは①推進主体の意思と②推進主体への支持である。社会資本整備を進めたいという推進主体の意思が、指導される側の人々によって支持されることによって社会資本整備が推進される。③〜⑥は推進主体の意思と推進主体への支持を支援する要素であると考えられる。

1-4 社会資本整備の思想

　過去の社会資本整備は何を目的としてきたのか。時代別に主要な社会資本整備の主な目的を列挙すると、以下のとおりである。

<古代>
・七道駅路の整備：国家統一、交通の改善
・河川堤防の修繕：水害防止、農業生産の安定
<中世>
・荘園や領地での治水・利水・開墾事業：水害防止、耕地拡大、農業生産力の向上
・信長や秀吉による関所撤廃と道路整備：国家統一、交通の改善
<近世>
・藩内の治水・利水・開墾事業：水害防止、耕地拡大、農業生産力の向上
・広域的な治水事業・道路整備：幕府による各藩の統治、水害防止、交通の改善
<近代>
・河川の整備：低水工事による交通の改善、高水工事による水害防止
・鉄道の整備：国家統一、交通の改善、産業振興
・道路の整備：交通の改善、産業振興、失業対策
・農業基盤の整備：食糧増産、失業対策
<現代>
・開拓事業、農業基盤の整備：食糧増産、失業対策
・治水事業、河川整備：水害防止、水資源開発
・道路・鉄道・港湾の整備：交通の改善、産業振興

　このような社会資本整備がどのような思想に基づいて行われたのかについて考えると、以下の3つに整理することができる。

①統治の思想
　統治の思想とは、指導者が国家統一のため、国や地域を治めるために社会資本整備を行う考え方である。古代の七道駅路の整備、信長や秀吉による関所撤廃と道路整備、江戸時代の藩を超えた広域的な治水事業や御手伝普請、明治時代の鉄道整備などは主に国家統一や国内統治をめざして行われた。また、各地から不平不満が起こらないように社会資本整備の地域的配分に配慮

することや失業対策のために社会資本整備を行うことも、統治の思想に基づいた考え方である。指導者は、国民から徴収した税をもとに社会資本整備を行う権限を有するが、同時に国民の生命・財産を守るという責任も負うのである。

②発展の思想

　発展の思想とは、国や地域を豊かにするために社会資本整備を行う考え方である。中世や近世の荘園や領地での治水・利水・開墾事業は耕地拡大や農業生産力の向上を図り、地域を豊かにすることをめざしたものであった。明治時代の鉄道等の社会資本整備は日本を統一した近代国家にするために行われ、また戦後の河川・道路・港湾・農業基盤等の整備は敗戦国の日本を再生させ、欧米諸国に追いつき、追い越すことをめざして行われてきた。社会資本の整備は歴史的な積み重ねの上に成り立つものであり、整備効果の発現には時間を要するため、発展の思想は長期的な視点で捉えられるものである。

③利他の思想

　利他の思想とは、世のため人のために社会資本整備を行う考え方である。社会資本整備は公的機関や公的な立場にある人が行うものであるため、社会資本整備という言葉自体に利他の思想が本来前提としてあるはずである。江戸時代には、庄屋などが自分のためではなく、村人のため地域のために、川の堤防を築いたり、ため池を築造したり、用水路を開削した事例が各地に見られる。また、明治維新後の指導層には、武士道に根ざした滅私奉公の精神が貫かれ、公益中心的なものの考え方が強かったため、国の発展のための社会資本整備が行われたと言われている。このように推進主体に利他の思いが強い時には、その社会資本整備は民衆の支持のもとに行われることになる。

　ここに統治、発展、利他という3つの思想をあげたが、社会資本整備は単一の思想のもとに行われるのではなく、ほとんどの場合は複数の思想の組み合わせのもと行われてきたと考えられる。

　以下では、日本が発展を遂げた明治以降の社会資本整備と国づくりの関係をもう少し詳しく見ることにする。

2. 明治から戦前の社会資本整備と国づくり

2-1 公共投資と地域配分

①公共投資の推移

　日本は明治以降、明治維新後と第二次世界大戦後の2度大きな発展を遂げたが、2度の発展に共通していることは、国家存亡の危機に瀕して、国の指導者がそれまでの流れを断ち切って、新たな国づくりの目標を明示して、国民を導くために、公共投資により国づくりの基盤となる社会資本整備を集中的に行ってきたことであった。

　図1-2は、明治元年（1868）から昭和15年（1940）までの政府固定資本形成の推移を示したものである。明治政府の発足後は、政府の財源不足や政情不安等により、政府固定資本形成は低迷していたが、明治20年（1887）頃から徐々に増え始め、第一次世界大戦（大正3～7年、1914～1918年）後に急増した。その後、軍事費を含まない政府固定資本形成は横ばいとなるが、軍事費を含めた政府固定資本形成は昭和12年（1937）から増大の一途をたどることになった。

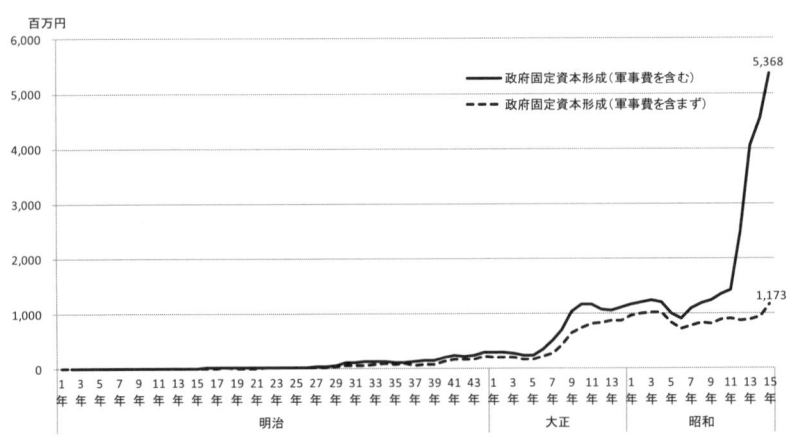

図1-2　政府固定資本形成の推移（明治元年～昭和15年）
資料：江見康一「長期経済統計4　資本形成」より作成
注：国内の中央政府と地方政府に関する数値である。

なお、国家財政における軍事費割合(一般会計と臨軍会計との純計に占める直接軍事費の割合)は、昭和元年～5年(1926～1930)は28％前後であったが、満州事変が起こった昭和6年(1931)には31.2％、日華事変が起こった昭和12年(1937)には69.0％、太平洋戦争に突入した昭和16年(1941)には75.7％にまで上昇しており[6]、軍事費の増加が非軍事の公共投資を抑制している様子がうかがえる。

②公共投資の分野

政府固定資本形成の分野別内訳を見ると(図1-3)、明治から戦前にかけては国鉄、河川、道路が中心であることが分かる。明治の初めには公共投資額が少ない中で鉄道への投資が行われたため、政府固定資本形成に占める国鉄の割合は、明治3年度～7年度(1870～1874)には77％に達し、その後低下したものの、再び上昇し、国鉄への投資は、明治20年代から昭和初期にかけて公共投資の40～50％前後を占めていた。そこで、戦前に公共投資の中心であった鉄道の整備がどのように行われてきたのかについて見ることにする。

鉄道は明治5年(1872)の新橋・横浜間の鉄道敷設に始まり、明治7年(1874)には大阪・神戸間、明治17年(1884)には上野・高崎間、明治22年(1889)

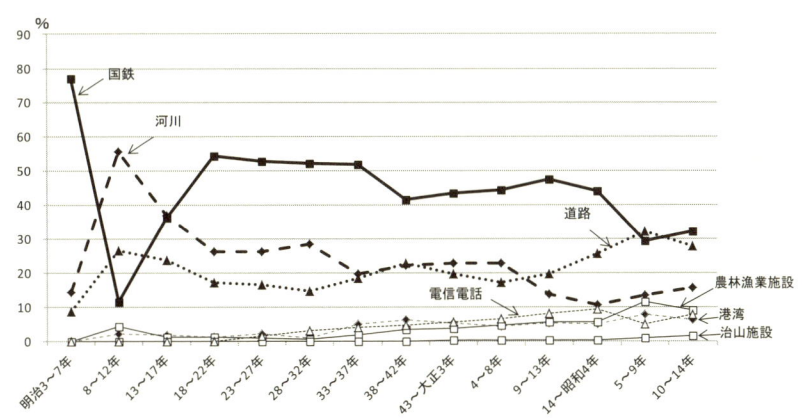

図1-3 政府固定資本形成の分野別割合の推移(明治3年～昭和14年)

資料:沢本守幸「公共投資100年の歩み」80頁より作成(原資料は経済企画庁「政府固定資本形成および政府資本ストックの推計」1966年)

注:1960年度価格による5カ年平均値である。

第1章　社会資本整備と国の発展

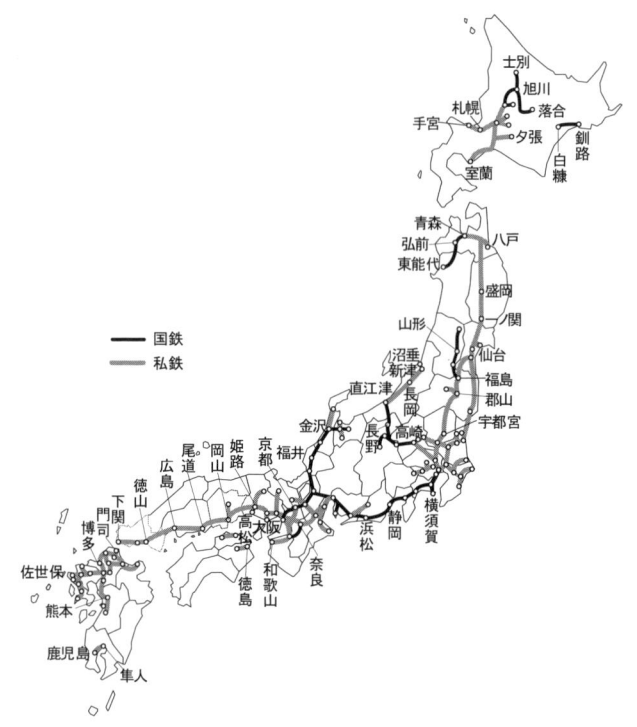

図1-4　鉄道整備の状況（明治34年末）
資料：沢本守幸「公共投資100年の歩み」111頁より作成

には新橋・神戸間、明治24年（1891）には上野・青森間、そして明治34年（1901）には神戸・馬関（下関）間が開通することにより、青森から下関まで本州が鉄道でつながることになった。このように鉄道整備は文明開化のシンボルとして東京や大阪などの大都市で始まり、その後、横浜などの港湾と生糸の産地や石炭など鉱山を結ぶ路線で整備が進められ、さらには軍の要請にも配慮して国主導で鉄道ネットワークが形成された。この結果、明治34年（1901）末の時点では、鉄道開業延長は国鉄1,706km、私鉄4,775kmの合計6,481kmに至ったが、その整備は東京、大阪などの太平洋ベルト地帯が中心であり、九州南部、四国、山陰、東北の日本海側などでは鉄道はほとんど整備されていなかった（図1-4）。

このため、明治政府は、軍の要請にも配慮して、明治39年（1906）に鉄道

国有法を制定して、国主導でさらに強力に鉄道整備を推進していくことになった。明治42年（1909）には鹿児島線の門司・鹿児島間、大正2年（1913）には北陸線の米原・直江津間が開通し（この年には東海道本線は全線複線化された）、大正13年（1924）には羽越線の新津・秋田間、昭和8年（1933）には山陰本線の京都・幡生（下関）間、昭和10年（1935）には高徳線の高松・徳島間と土讃線の多度津・須崎間が開通した。この結果、鉄道営業キロは昭和10年度末には24,236km（国鉄17,138km、民鉄7,098km）へと、明治34年末の約4倍に増加した。

　明治から戦前に至る鉄道整備の順番は、鉱業開発が進められた北海道などを除くと、大ざっぱに言えば、①東京と大阪の周辺、②東京から九州北部に至る太平洋ベルト地帯、③東北、④九州南部、四国、日本海側という順番であった。この順番は、戦後の新幹線の整備でも同様であり、昭和39年（1964）に東海道新幹線の東京・新大阪間、昭和50年（1975）に山陽新幹線の新大阪・博多間、昭和60年（1985）に東北新幹線の上野・盛岡間と上越新幹線の上野・新潟間、平成9年（1997）に長野新幹線の高崎・長野間、平成23年（2011）に九州新幹線の博多・鹿児島間などの順となった。東京と大阪から始め、ついで太平洋ベルト地帯、東北と続き、その他地域が最後になるという順番は、鉄道だけではなく、高速道路の整備でもおおむね同様である。こうした社会資本整備の順番は、地域間の人口や資本の移動にとって決定的に重要である。

　古厩忠夫「裏日本」では、明治以降の裏日本（北陸と山陰）から太平洋ベルト地帯への人・もの・金の移転システムを分析しており、この中で日本海側の鉄道整備の遅れが工業化を遅らせ、日本海側の農村から太平洋側への労働力供給や北海道への移民を推進したことを明らかにしている。[7] 先行して鉄道が整備された東京、大阪をはじめ太平洋ベルト地帯の工業化が進み、そこをめざして日本海側から人やもの、金が流出していったのである。

　ところで、鉄道整備の資金はどこから出たのであろうか。明治政府は欧米列強による日本の植民地化を招くとの理由から鉄道整備などの資金を外資に頼ることを極力避けたため、資金は主に国内の地租に頼ることになった。明治20年頃までは政府租税収入の3分の2程度は地租収入が占めていた。例えば、明治11年（1878）の場合、政府租税収入に占める地租の割合は82％を占

めていたが、府県別納入額の順位は第1位石川県、第4位新潟県、第11位島根県など稲作地帯を抱える日本海側の諸県が多くの租税を納めていた。[8] これらの租税をもとに鉄道などの社会資本整備が行われてきたのであり、日本海側の諸県が明治初頭の国づくりに大きな貢献をしていたと言える。

③公共投資の地域配分

戦前の公共投資の地域配分はどのような状況であったのか。内務省所管の土木事業費のうち、内務省直轄土木費の地域配分は不明であるが、地方土木費の地域別配分額は「内務省統計報告」により昭和9年度（1934）まで判明するので、地方土木費を指標として内務省所管の土木事業の地域配分を見ることにする。[9]

表1−1によると、内務省土木事業費のシェアは、地域別には北海道、南関東、近畿臨海では増加傾向であり、その他の地域では減少ないし横ばい傾向を示している。なお、大正14年〜昭和4年（1925〜1929）に南関東のシェアが急増しているのは、大正12年（1923）の関東大震災後に行われた帝都復興事業により巨額の土木事業費が東京や横浜などに投下されたためである。

また、東京、神奈川、京都、大阪、兵庫、愛知の6府県を大都市圏とし、その他の41道県を地方圏とすると、内務省土木事業費に占める大都市圏のシェアは明治20年〜26年（1887〜1893）の20.9％から増加傾向を示し、帝都復興事業の影響を受けた大正14年〜昭和4年（1925〜1929）には52.7％となり、その後昭和5年〜9年（1930〜1934）には減少したものの38.5％となっている。つまり、時期により変動はあるものの、明治以降戦前に至るまで、東京、大阪などの大都市圏への土木事業の集中投資が行われ、大都市圏への投資割合は時代とともに高まる傾向があったことが分かる。

なお、北海道の土木事業費の割合の上昇は特異である。明治20年〜26年（1887〜1893）には2.8％にすぎなかったが、昭和5年〜9年（1930〜1934）には7.8％に上昇している。同期間に東北の割合が9.6％から7.9％に低下しているのと対照的である。公共投資により北海道の開拓・植民を進めようとする政府の意思が表されている。

表1-1 内務省土木事業費の地域別割合（明治20年度〜昭和9年度） 単位：％

年度	明治20〜26 1887〜93	明治27〜32 1894〜99	明治33〜38 1900〜05	明治39〜44 1906〜11	大正元〜7 1912〜18	大正10〜13 1921〜24	大正14〜昭和4 1925〜29	昭和5〜9 1930〜34
北海道	2.8	2.4	3.9	5.0	6.9	10.1	7.4	7.8
東北	9.6	9.2	8.2	8.4	8.8	7.8	5.3	7.9
北関東	6.6	7.6	6.4	9.2	7.0	5.2	4.0	5.0
南関東	7.2	12.0	11.6	13.8	11.2	13.9	28.1	18.3
北陸	10.7	14.3	8.5	7.0	10.5	6.5	5.3	6.5
東山	4.4	5.5	3.8	4.8	3.4	3.5	2.4	3.2
東海	14.8	10.6	10.4	10.6	12.4	11.6	11.8	12.5
近畿内陸	4.9	5.5	5.3	7.7	4.5	4.4	4.1	5.2
近畿臨海	10.8	10.4	12.4	14.8	13.4	14.0	15.8	12.4
山陰	2.4	3.4	2.1	1.2	2.1	2.0	1.2	1.6
山陽	6.5	6.4	6.8	4.3	5.0	5.9	4.2	5.1
四国	6.9	4.4	4.7	3.8	4.9	4.9	3.7	3.9
北九州	7.8	4.2	10.0	5.4	5.1	6.3	3.6	5.2
南九州	4.9	4.2	5.9	4.0	4.9	4.1	3.1	5.3
大都市圏	20.9	26.0	27.9	37.2	30.9	34.1	52.7	38.5
地方圏	79.1	74.0	72.1	62.8	69.1	65.9	47.3	61.5
計	100.0	100.0	100.0	100.0	100.0	100.0	100.0	100.0

資料：藤井信幸「地域開発の来歴」43頁より作成（原資料は「内務省統計報告」等である）
注：1.大都市圏は東京、神奈川、京都、大阪、兵庫、愛知の6府県で、その他は地方圏とする。
　　2.地域区分は以下のとおりである。
　　　＜東　　北＞：青森県、岩手県、宮城県、秋田県、山形県、福島県
　　　＜北関東＞：茨城県、栃木県、群馬県
　　　＜南関東＞：埼玉県、千葉県、東京都、神奈川県
　　　＜北　　陸＞：新潟県、富山県、石川県、福井県
　　　＜東　　山＞：山梨県、長野県
　　　＜東　　海＞：岐阜県、静岡県、愛知県、三重県
　　　＜近畿内陸＞：滋賀県、京都府、奈良県
　　　＜近畿臨海＞：大阪府、兵庫県、和歌山県
　　　＜山　　陰＞：鳥取県、島根県
　　　＜山　　陽＞：岡山県、広島県、山口県
　　　＜四　　国＞：徳島県、香川県、愛媛県、高知県
　　　＜北九州＞：福岡県、佐賀県、長崎県
　　　＜南九州＞：熊本県、大分県、宮崎県、鹿児島県

2-2 工業化による大都市圏の発展

　前述の公共投資は民間投資にどのような影響を与えたのであろうか。明治元年（1868）から昭和15年（1940）までの民間固定資本形成の推移を見ると（図1-5）、政府固定資本形成と同様に第一次世界大戦（大正3〜7年、1914

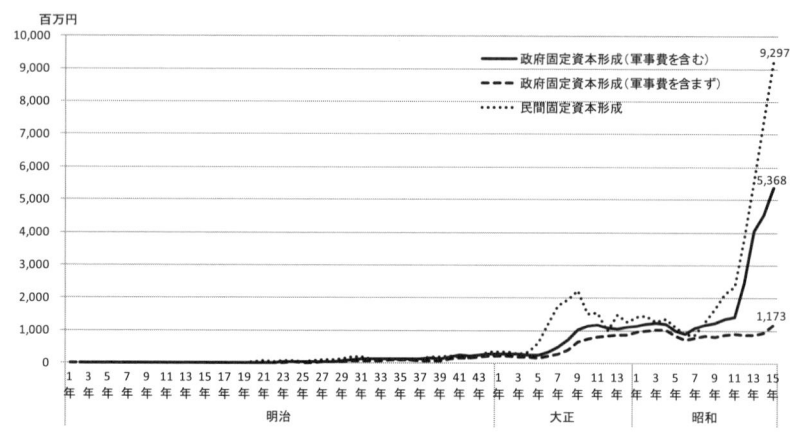

図1-5 民間固定資本形成と政府固定資本形成の推移（明治元年～昭和15年）
資料：江見康一「長期経済統計4 資本形成」より作成
注：国内に関する数値である。

～1918年）中から民間固定資本形成が急増し、ほぼ戦前を通して民間固定資本形成が政府固定資本形成を上回っており、特に軍事費が急増した昭和12年（1937）以降、民間固定資本形成が急増していることが分かる。こうした公共投資に伴う民間投資が、日本の地域構造にどのような変化をもたらしてきたのであろうか。

山口和雄「明治前期経済の分析」では、「明治7年府県物産表」を用いて3府60県の物産物を農産物、工産物、原始生産物（木材、炭、魚介類、鉱産物等）に3分類して考察を行っている。[10] それによると、明治7年（1874）の全国の分野別物産額の割合は農産物61.0％、工産物30.1％、原始生産物8.9％であった（表1-2）。物産額の6割以上は農業によって占められており、明治初期の日本の産業は農業が中心であったことが分かる。このうち、東京府と大阪府の分野別物産額の割合を見ると、東京府では工産物が5割程度、大阪府では工産物が6割以上を占めているが、農産物も東京府で4割以上、大阪府で3割程度を占めている。なお、全国の物産額全体に占める東京府と大阪府の割合は、それぞれ1.1％、2.6％で、2府合計でも3.7％にすぎなかった。

戦前の府県間の比較を行うには統計上の制約が多いが、農業生産額と工業生産額が府県別に把握できるようになるのは大正8年（1919）からであるため、

表1-2 「明治7年府県物産表」による物産額

単位：千円

	全国		東京府		大阪府	
	実数	割合	実数	割合	実数	割合
農産物	227,287	61.0%	1,865 (0.8%)	44.2%	2,947 (1.3%)	30.8%
工産物	111,892	30.1%	2,146 (1.9%)	50.9%	6,090 (5.4%)	63.7%
原始生産物	33,129	8.9%	208 (0.6%)	4.9%	528 (1.6%)	5.5%
計	372,307	100.0%	4,219 (1.1%)	100.0%	9,565 (2.6%)	100.0%

資料：山口和雄「明治前期経済の分析」より作成
注：（　）内は全国に占める割合

表1-3 大正8年（1919）の分野別物産額

単位：千円

		農産物		水産物		工産物		合計	
		実数	割合	実数	割合	実数	割合	実数	割合
全国		4,994,767 (100.0%)	41.3%	258,524 (100.0%)	2.1%	6,832,032 (100.0%)	56.5%	12,085,324 (100.0%)	100.0%
大都市圏		644,775 (12.9%)	14.5%	32,767 (12.7%)	0.7%	3,771,503 (55.2%)	84.8%	4,449,047 (36.8%)	100.0%
	東京府	52,426 (1.0%)	6.1%	5,318 (2.1%)	0.6%	802,319 (11.7%)	93.3%	860,062 (7.1%)	100.0%
	神奈川県	68,478 (1.4%)	17.1%	5,829 (2.3%)	1.5%	327,005 (4.8%)	81.5%	401,312 (3.3%)	100.0%
	京都府	80,407 (1.6%)	27.6%	2,902 (1.1%)	1.0%	208,400 (3.1%)	71.4%	291,710 (2.4%)	100.0%
	大阪府	84,450 (1.7%)	7.0%	2,027 (0.8%)	0.2%	1,126,451 (16.5%)	92.9%	1,212,929 (10.0%)	100.0%
	兵庫県	168,111 (3.4%)	16.9%	8,658 (3.3%)	0.9%	816,432 (12.0%)	82.2%	993,202 (8.2%)	100.0%
	愛知県	190,903 (3.8%)	27.7%	8,033 (3.1%)	1.2%	490,896 (7.2%)	71.2%	689,832 (5.7%)	100.0%
地方圏		4,349,992 (87.1%)	57.0%	225,757 (87.3%)	3.0%	3,060,529 (44.8%)	40.1%	7,636,278 (63.2%)	100.0%

資料：農商務省「第36次農商務統計表」より作成
注：（　）内は全国に占める割合

大正8年（1919）の資料に基づき分野別の物産額を示すと、表1-3のとおりである。これによると、大正8年（1919）には全国の物産額に占める工産物の割合（56.5％）が農産物（41.3％）を上回り、農業に依存していた日本の

産業構造が工業中心に転換しつつあることが分かる。その中でも、東京、神奈川、京都、大阪、兵庫、愛知の6府県を大都市圏とすると、大都市圏では物産額に占める工産物の割合は84.8%に達し、地方圏の40.1%を大きく上回り、大都市圏での工業化が進展したことを示している。このため、全国の工産物の物産額に占める割合は、6府県の大都市圏（55.2%）が残り41道県の地方圏（44.8%）を上回るようになった。前述のとおり明治7年（1874）には全国の物産額に占める東京府と大阪府の合計割合は3.7%にすぎなかったが、45年後の大正8年（1919）には全国の農産物・水産物・工産物合計の物産額のうち、大都市圏で36.8%、東京府と大阪府だけでも17.1%を占めるようになった。遅くとも大正8年には、工業化による大都市圏牽引型の国づくりの始まりを確認することができる。

　なお、大正8年（1919）の時点では、府県別物産額の順位は大阪府が第1位で、ついで兵庫県、東京府、愛知県の順である。いずれも工産物の割合が高い地域であり、工業化が物産額を増大させ、地域の経済を発展させていることが分かる。

　農商務省「第36次農商務統計表」には、大正8年（1919）の従業者5人以上の全国の43,949工場について、創業年が示されている。創業年が不詳の634工場を除いて工場の創業年を見ると（図1-6）、明治20年代後半頃から増加し始め、第一次世界大戦期の大正5年（1916）頃から急増していることが

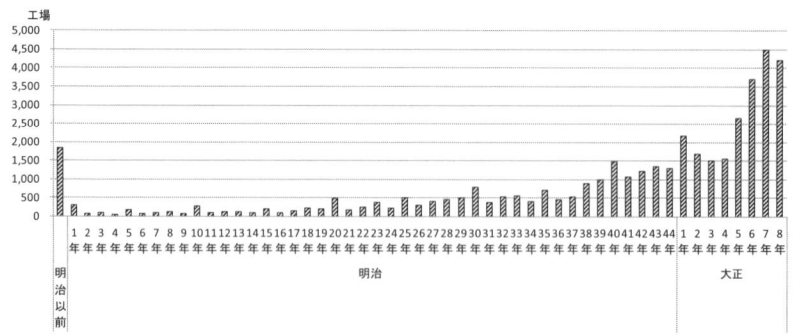

図1-6 大正8年の工場の創業年
資料：農商務省「第36次農商務統計表」より作成
注：従業者5人以上の工場に関する数値である。

分かる。この動きは、図1-5の民間固定資本形成と政府固定資本形成の動きと近似しており、政府の公共投資が民間投資を誘発して、工場の創業を後押ししている様子がうかがえる。

大都市圏の工場数の割合を見ると（表1-4）、明治33年（1900）の35.7%か

表1-4 大都市圏と地方圏の工場数（明治33年と大正8年）

	明治33年		大正8年	
	工場数	割合	工場数	割合
大都市圏	2,600	35.7%	20,481	46.6%
地方圏	4,684	64.3%	23,468	53.4%
合計	7,284	100.0%	43,949	100.0%

資料：農商務省「農商務統計表」より作成
注：1. 大都市圏は東京、神奈川、京都、大阪、兵庫、愛知の6府県で、その他は地方圏とする。
　　2. 従業者5人以上の工場に関する数値である。

表1-5 地域別の工業生産額の割合（明治7年～昭和14年）

	明治7年（1874）	明治22年（1889）	明治42年（1909）	大正8年（1919）	昭和10年（1935）	昭和14年（1939）
北海道	0.1%	3.0%	1.5%	2.5%	2.5%	2.5%
東北	8.2%	9.5%	5.8%	3.2%	2.9%	2.7%
北関東	10.2%	11.0%	8.1%	6.0%	4.5%	2.9%
南関東	7.3%	7.9%	11.3%	16.2%	19.7%	27.4%
北陸	9.5%	6.6%	8.3%	6.1%	5.1%	4.5%
東山	6.9%	5.4%	4.7%	3.9%	1.6%	1.6%
東海	8.5%	9.7%	13.1%	13.2%	13.5%	12.5%
近畿内陸	14.0%	8.7%	7.9%	5.6%	4.6%	3.1%
近畿臨海	10.5%	18.1%	18.8%	26.0%	27.2%	24.3%
山陰	3.2%	1.7%	1.2%	0.6%	0.6%	0.6%
山陽	6.9%	5.3%	6.0%	4.8%	4.2%	4.7%
四国	6.8%	4.0%	4.3%	3.3%	3.1%	2.3%
北九州	3.7%	4.6%	5.9%	5.8%	8.4%	9.4%
南九州	4.2%	4.6%	3.3%	2.7%	2.2%	1.6%
大都市圏	28.7%	31.1%	40.9%	50.0%	55.8%	58.0%
地方圏	71.3%	68.9%	59.1%	50.0%	44.2%	42.0%
計	100.0%	100.0%	100.0%	100.0%	100.0%	100.0%

資料：明治7年～昭和10年は藤井信幸「地域開発の来歴」36頁、昭和14年については商工省「工業統計表」より作成
注：大都市圏は東京、神奈川、京都、大阪、兵庫、愛知の6府県で、その他は地方圏とする。

ら大正8年（1919）には46.6％へと10.9ポイント上昇しており、大都市圏への工場の集中が進んでいることが分かる。しかも、大都市圏では工場数が増加するだけでなく、工場の大規模化・重工業化も進んでいた。

　この結果、工業化した大都市圏が日本を牽引する国の姿が鮮明になってきた。明治7年（1874）から昭和14年（1939）にかけての地域別の工業生産額の割合を示すと、表1-5のとおりである。南関東と近畿臨海の割合の上昇が最も顕著であり、東海や北九州も割合を上昇させているのに対して、東北、北関東、北陸、東山、近畿内陸、山陰、四国、南九州などでは割合が低下している。また、大都市圏と地方圏の工業生産額の割合を比較すると、明治7年（1874）に28.7％であった大都市圏の割合は、大正8年（1919）には地方圏と同じ50.0％となり、昭和14年（1939）には58.0％にまで上昇して地方圏（42.0％）を上回るようになった。

2-3 人口の地域別動向

　明治17年（1884）〜昭和15年（1940）の人口の推移を見ると（図1-7）、日本国内の人口は明治17年の3,745万人から昭和15年の7,193万人へと3,448万

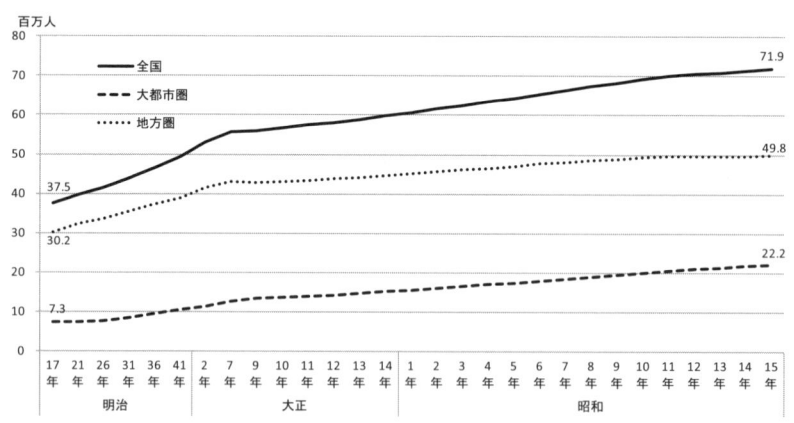

図1-7　戦前の人口の推移（明治17年〜昭和15年）
資料：総務省統計局資料より作成
注：1.日本国内の人口である。
　　2.大都市圏は東京、神奈川、京都、大阪、兵庫、愛知の6府県で、その他は地方圏とする。

人増加した。56年間に人口は1.9倍に増えた。この中で、東京、神奈川、京都、大阪、兵庫、愛知の6府県を大都市圏とすると、大都市圏の人口は726万人から2,218万人へと1,492万人増加し、大都市圏の人口割合は明治17年の19.4%から昭和15年には30.8%へと11.4ポイント上昇した。

前述のとおり大都市圏への鉄道などの公共投資の集中により、大都市圏への工場の集中や大都市圏での工場の大規模化・重工業化が進んだが、それに伴い地域間の人口移動も行われてきた。

今日の47都道府県の原型ができた明治21年（1888）の府県人口の順位を見ると（図1-8）、新潟県が約166万人で最も多く、ついで兵庫県、愛知県の順で、第1位の新潟県と第47位の北海道との差は約5.4倍であった。これが、昭和15年（1940）には、東京府が約728万人で最も多く、ついで大阪府、北海道、兵庫県、愛知県の順であり、第1位の東京都と第47位の鳥取県との差は約15.3倍となった。東京をはじめとする大都市圏への人口集中が進んだことが

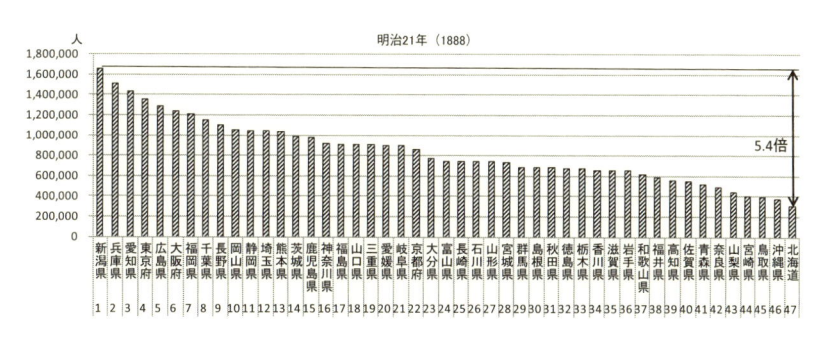

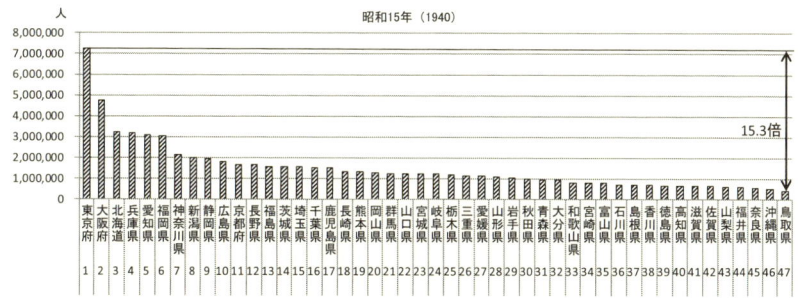

図1-8 府県別の人口順位（明治21年と昭和15年）

資料：総務省統計局資料より作成

分かる。なお、北海道の人口変動は特異であり、明治21年（1888）には全国第47位の約31万人であったが、昭和15年（1940）には約10倍の323万人と、全国第3位となっている。開拓という目的だけではなく、北海道が日本全体の人口圧力などの社会問題の調整機能を担ってきたことを示していると考えられる。

表1-6によると、大都市圏の中では東京府と大阪府の人口増加が顕著であり、明治21年（1888）から昭和15年（1940）にかけて、東京府の人口は5.4倍、大阪府の人口は3.8倍になっている。東京、大阪などの大都市圏が発展し、地方圏から大都市圏に向けて人口が集中している状況がうかがえる。

明治から戦前にかけての社会資本整備と国づくりの考察を通じて、以下の3点を指摘することができる。

第1に、鉄道、河川、道路等の社会資本の整備が、産業基盤や国民生活の

表1-6 戦前の大都市圏と地方圏の人口の推移（明治21年～昭和15年） 単位：人

	明治21年(1888)		明治36年(1903)		大正2年(1913)		大正14年(1925)		昭和15年(1940)	
	人口	割合	人口	割合	人口	割合	人口	割合	人口	割合
全国	39,626,600 (100)	100.0%	46,588,000 (118)	100.0%	52,911,800 (134)	100.0%	59,736,822 (151)	100.0%	71,933,000 (182)	100.0%
大都市圏	7,328,000 (100)	18.5%	9,341,300 (127)	20.1%	11,364,100 (155)	21.5%	15,141,993 (207)	25.3%	22,177,600 (303)	30.8%
東京府	1,354,400 (100)	3.4%	2,251,300 (166)	4.8%	2,809,600 (207)	5.3%	4,485,144 (331)	7.5%	7,283,700 (538)	10.1%
神奈川県	919,100 (100)	2.3%	978,200 (106)	2.1%	1,145,100 (125)	2.2%	1,416,792 (154)	2.4%	2,158,200 (235)	3.0%
京都府	865,500 (100)	2.2%	1,013,800 (117)	2.2%	1,222,700 (141)	2.3%	1,406,382 (162)	2.4%	1,705,400 (197)	2.4%
大阪府	1,242,400 (100)	3.1%	1,675,600 (135)	3.6%	2,175,700 (175)	4.1%	3,059,502 (246)	5.1%	4,736,900 (381)	6.6%
兵庫県	1,510,500 (100)	3.8%	1,761,800 (117)	3.8%	2,048,500 (136)	3.9%	2,454,679 (163)	4.1%	3,173,800 (210)	4.4%
愛知県	1,436,100 (100)	3.6%	1,660,600 (116)	3.6%	1,962,500 (137)	3.7%	2,319,494 (162)	3.9%	3,119,600 (217)	4.3%
地方圏	32,298,600 (100)	81.5%	37,246,700 (115)	79.9%	41,547,700 (129)	78.5%	44,594,829 (138)	74.7%	49,755,400 (154)	69.2%

資料：総務省統計局資料より作成
注：1.大都市圏は東京、神奈川、京都、大阪、兵庫、愛知の6府県で、その他は地方圏とする。
　　2.（　）内は明治21年を100とした時の指数である。

基盤として国力の発展に貢献してきたことである。民間の資本や労働が投入されるためには、その地域に産業活動や生活の基盤となる社会資本整備が行われているかどうかが重要であるが、公共投資による産業基盤や生活基盤の整備が工場の創業や設備投資等の民間投資を誘発し、日本の発展に貢献してきた。

第2に、東京などの大都市圏に公共投資が集中され、大都市圏が日本を牽引する国のかたちが形成されてきたことである。明治以降戦前に至るまで、鉄道などの社会資本整備は東京、大阪などの大都市圏に集中的に行われたため、民間投資も人口も大都市圏に集中し、資本と人口が集中した大都市圏を中心に日本の国づくりが進められてきた。

第3に、国の発展に伴い、日本の人口が増加したことである。増大した人口は都市化・工業化により発展した大都市が吸引するとともに、公共投資により開拓が進んだ北海道などでも植民が図られた。

3. 戦後の社会資本整備と国づくり

3-1 公共投資と地域配分

①公共投資の推移

戦後の公共投資額を示す際に、一般に「行政投資実績」、「公的固定資本形成」、「公共事業関係費」の3つの指標が用いられるが、以下では公的固定資本形成を主な指標として公共投資の動向を見ることとする。[11]

昭和30年度（1955）から平成22年度（2010）の国及び地方自治体に関する公的資本形成の推移を示すと、図1－9のとおりである。昭和30年度（1955）に0.5兆円であった公的固定資本形成は、昭和56年度（1981）には23.8兆円にまで増加したが、昭和50年代後半には鈴木内閣、中曽根内閣が財政再建や行財政改革の目標を掲げ緊縮的な財政運営を行ったため、昭和60年度（1985）には21.8兆円にまで減少した。

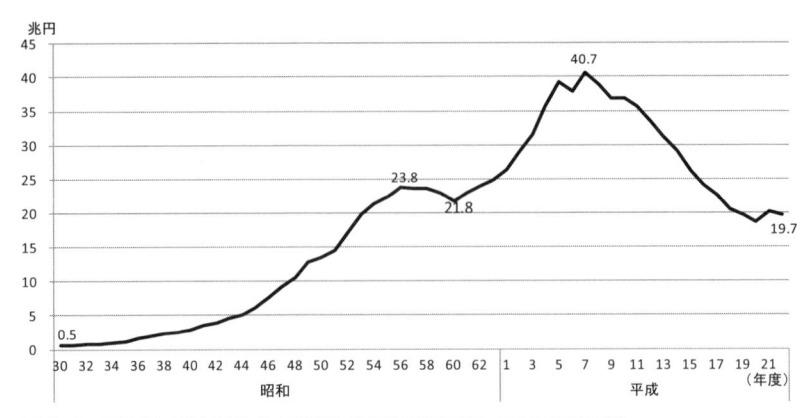

図1-9 公的固定資本形成の推移（昭和30年度～平成22年度）
資料：内閣府「県民経済計算」より作成

　平成に入ると、バブル経済の崩壊により景気が悪化し景気対策のための公共投資が行われるようになるとともに、日米構造問題協議の中でアメリカから内需拡大とそのための社会資本整備を求められたことなどから公共投資基本計画により公共投資が進められ、さらに平成7年（1995）に発生した阪神・淡路大震災に伴う復興対策等が進められたため、公的固定資本形成は平成7年度には40.7兆円にまで増加した。

　しかし、平成9年（1997）には橋本内閣が財政構造改革推進法を成立させ、公共投資の削減等を行い、さらに平成13年（2001）に発足した小泉内閣は「今後の経済財政運営及び経済社会の構造改革に関する基本方針」や「構造改革と経済財政の中期展望」を閣議決定し、公共投資の配分の重点化、公共投資の効率化、公共事業関係の計画の見直しを行うなどしてきた結果、公的固定資本形成は平成22年度（2010）には19.7兆円となった。

②公共投資の分野
　公的固定資本形成の指標では公共投資の目的別内訳を見ることができないため、「行政投資実績」により公共投資の目的別割合の動向を見ると（図1－10）、傾向として生活道路、都市計画、住宅、厚生福祉、文教施設、下水道等の「生活基盤投資」の割合が上昇し、「産業基盤投資」が横ばいになっ

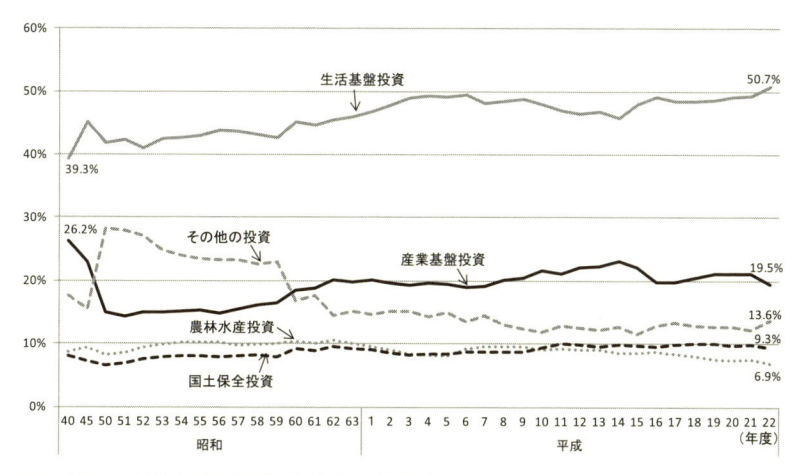

図1-10 行政投資額の目的別割合の推移（昭和40年度～平成22年度）

資料：総務省「行政投資実績」より作成
注：事業目的の内容は以下のとおりである。
　　＜生活基盤投資＞：市町村道、街路、都市計画、住宅、環境衛生、厚生福祉、文教施設、水道及び下水道の投資
　　＜産業基盤投資＞：国県道、港湾、空港及び工業用水の投資
　　＜農林水産投資＞：農林水産関係の投資
　　＜国土保全投資＞：治山治水及び海岸保全の投資
　　＜その他の投資＞：失業対策、災害復旧、官庁営繕、鉄道、地下鉄、電気、ガス等の投資

ていることが分かる。「生活基盤投資」は昭和40年度（1965）には39.3％であったが、平成22年度（2010）には50.7％に11.4ポイント上昇している。これに対して、「産業基盤投資」は昭和40年度（1965）には26.2％であったが、昭和51年度（1976）には14.3％にまで低下し、昭和62年度（1987）には20.1％にまで回復したが、その後停滞し平成22年度（2010）は19.5％となっている。「農林水産投資」と「国土保全投資」はそれぞれ10％程度であるが、「国土保全投資」は近年漸増傾向を示している。なお、「その他の投資」は昭和50年代には20％～30％程度を占めていたが、3公社の民営化に伴い、昭和60年度（1985）以降は日本専売公社と日本電信電話公社が、また昭和62年度（1987）以降は日本国有鉄道が含まれなくなったため割合が低下し、近年は12％～13％程度で推移している。

表1-7 公的固定資本形成の地域別割合の推移（昭和31年度～平成22年度）

	昭和31～35年度	昭和36～40年度	昭和41～45年度	昭和46～50年度	昭和51～55年度	昭和56～60年度	昭和61～平成2年度	平成3～7年度	平成8～12年度	平成13～17年度	平成18～22年度
全国計	100.0%	100.0%	100.0%	100.0%	100.0%	100.0%	100.0%	100.0%	100.0%	100.0%	100.0%
北海道	8.2%	7.4%	7.0%	6.8%	7.9%	8.1%	7.7%	6.9%	7.5%	7.3%	7.1%
東北	9.8%	8.7%	8.0%	8.4%	10.3%	9.7%	9.4%	9.1%	10.2%	9.7%	9.0%
北関東	4.9%	4.2%	4.0%	4.4%	5.2%	5.3%	4.7%	4.8%	5.2%	4.8%	5.5%
南関東	20.3%	26.1%	25.8%	23.1%	20.7%	20.3%	21.1%	21.2%	17.8%	18.8%	20.3%
北陸	6.9%	7.4%	5.9%	5.5%	6.1%	5.9%	5.7%	5.5%	6.3%	6.5%	6.7%
東山	3.1%	2.9%	2.6%	2.8%	2.8%	3.5%	3.3%	3.8%	3.6%	3.1%	2.8%
東海	9.8%	9.5%	10.5%	10.0%	9.4%	9.1%	9.5%	9.4%	9.6%	10.8%	10.7%
近畿内陸	3.9%	2.9%	2.9%	3.2%	3.3%	3.5%	3.7%	3.6%	3.7%	4.2%	3.8%
近畿臨海	11.2%	12.1%	13.8%	12.1%	10.1%	10.1%	10.7%	12.1%	11.2%	9.5%	9.1%
山陰	1.6%	1.6%	1.3%	1.5%	1.8%	1.8%	1.7%	1.6%	2.0%	2.1%	2.1%
山陽	5.5%	4.9%	5.2%	6.9%	5.7%	5.8%	5.6%	5.7%	5.6%	5.4%	5.3%
四国	3.8%	3.2%	3.4%	3.6%	3.9%	4.1%	4.0%	3.7%	4.1%	4.1%	3.5%
北九州	5.2%	4.2%	4.8%	5.7%	5.9%	5.8%	5.7%	5.1%	5.6%	6.1%	6.3%
南九州	5.5%	4.6%	4.7%	5.0%	5.7%	5.6%	5.9%	6.0%	6.3%	6.1%	6.2%
沖縄	0.3%	0.3%	0.3%	1.0%	1.3%	1.5%	1.4%	1.3%	1.4%	1.6%	1.7%
大都市圏	50.1%	54.8%	56.9%	52.9%	48.7%	48.3%	49.7%	51.2%	47.5%	48.0%	49.4%
地方圏	49.9%	45.2%	43.1%	47.1%	51.3%	51.7%	50.3%	48.8%	52.5%	52.0%	50.6%

資料：内閣府「県民経済計算」より作成
注：1.大都市圏は北関東、南関東、東海、近畿内陸、近畿臨海で、その他は地方圏とする。
　　2.地域区分は以下のとおりである。
　　　＜東　　北＞：青森県、岩手県、宮城県、秋田県、山形県、福島県
　　　＜北 関 東＞：茨城県、栃木県、群馬県
　　　＜南 関 東＞：埼玉県、千葉県、東京都、神奈川県
　　　＜北　　陸＞：新潟県、富山県、石川県、福井県
　　　＜東　　山＞：山梨県、長野県
　　　＜東　　海＞：岐阜県、静岡県、愛知県、三重県
　　　＜近畿内陸＞：滋賀県、京都府、奈良県
　　　＜近畿臨海＞：大阪府、兵庫県、和歌山県
　　　＜山　　陰＞：鳥取県、島根県
　　　＜山　　陽＞：岡山県、広島県、山口県
　　　＜四　　国＞：徳島県、香川県、愛媛県、高知県
　　　＜北 九 州＞：福岡県、佐賀県、長崎県
　　　＜南 九 州＞：熊本県、大分県、宮崎県、鹿児島県

③公共投資の地域配分

　昭和31年度（1956）から平成22年度（2010）までの5年ごとの公的固定資本形成の割合を地域別に見ると（表1-7）、時期ごとに各地の割合が変動しており、地域的なバランスに配慮して、公共投資の地域配分が行われていることが分かる。昭和30年代後半から昭和40年代前半にかけては南関東、近畿

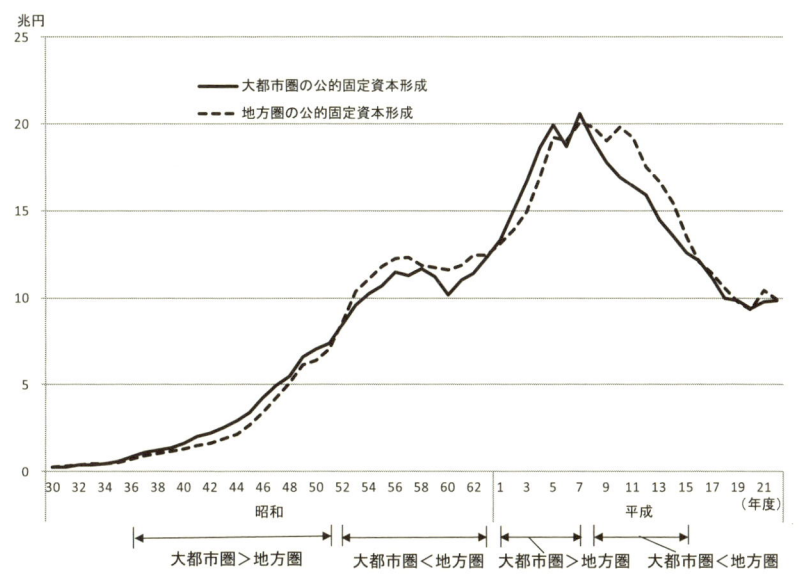

1.3 戦後の社会資本整備と国づくり

図1-11 大都市圏・地方圏別の公的固定資本形成の推移
（昭和30年度〜平成22年度）

資料：内閣府「県民経済計算」より作成
注：大都市圏は北関東、南関東、東海、近畿内陸、近畿臨海で、その他は地方圏とする。

臨海に重点配分され、昭和40年代後半には山陽、北九州等の割合が上昇し、昭和50年代には北海道、東北、南九州の割合が上昇し、平成13年度〜17年度（2001〜2005）から平成18年度〜22年度（2006〜2010）にかけては南関東、東海、北九州の割合が上昇している。近年、大都市圏の中では近畿臨海の割合が低下し続けていることが特徴的である。

大都市圏・地方圏別に公的固定資本形成の推移を見ると（図1-11）、その時々の国づくりの考え方を反映して、時期ごとに以下のように重点の置き方が変わっているが、総じて大都市圏と地方圏のバランスに配慮した配分をしていることが分かる。なお、大都市圏と地方圏の区分については、戦前は東京、神奈川、京都、大阪、兵庫、愛知の6府県を大都市圏とし、その他の41道県を地方圏としていたが、戦後は大都市圏の拡大に伴い、北関東、南関東、東海、近畿内陸、近畿臨海の17都府県を大都市圏とし、その他30道県を地方圏としている。

＜公的固定資本形成の地域配分の重点＞
- 昭和30年度～35年度：大都市圏≒地方圏
- 昭和36年度～51年度：大都市圏＞地方圏
- 昭和52年度～63年度：大都市圏＜地方圏
- 平成元年度～ 7年度：大都市圏＞地方圏
- 平成 8年度～15年度：大都市圏＜地方圏
- 平成16年度～22年度：大都市圏≒地方圏

3-2 民間投資の地域別動向

　前述の公共投資は民間投資をどれほど誘発してきたのであろうか。昭和30年度～平成22年度（1955 ～ 2010）の民間固定資本形成の推移を示すと、図1－12のとおりである。昭和30年度（1955）に1.1兆円であった民間固定資本形成は毎年増加し、平成3年度（1991）には105.3兆円に達したが、その後変動はあるものの減少傾向となり、平成22年度（2010）には70.6兆円となっている。この間に公的固定資本形成は平成7年度（1995）に40.7兆円のピークを迎え、

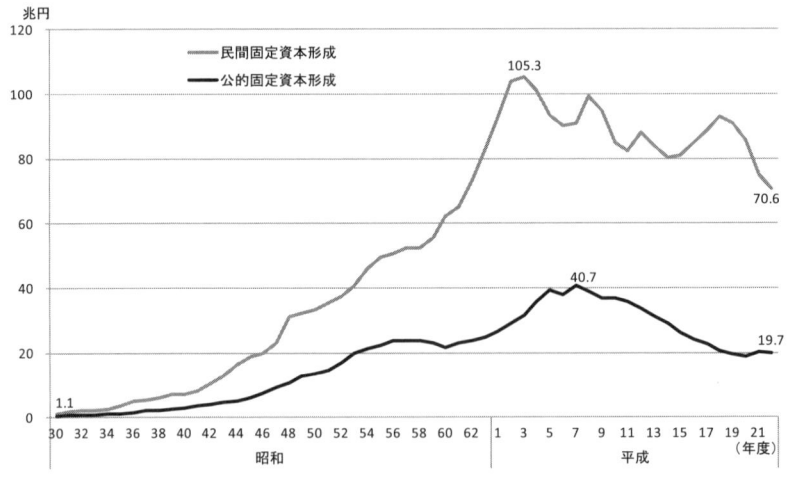

図1-12 民間固定資本形成の推移（昭和30年度～平成22年度）
資料：内閣府「県民経済計算」より作成

1.3 戦後の社会資本整備と国づくり

表1-8 民間固定資本形成の地域別割合の推移（昭和31年度～平成22年度）

	昭和31～35年度	昭和36～40年度	昭和41～45年度	昭和46～50年度	昭和51～55年度	昭和56～60年度	昭和61～平成2年度	平成3～7年度	平成8～12年度	平成13～17年度	平成18～22年度
全国計	100.0%	100.0%	100.0%	100.0%	100.0%	100.0%	100.0%	100.0%	100.0%	100.0%	100.0%
北海道	4.2%	3.9%	3.4%	4.1%	4.7%	4.1%	3.2%	3.4%	3.2%	2.9%	2.4%
東北	6.5%	6.3%	6.2%	6.5%	7.4%	6.9%	6.3%	6.7%	7.2%	6.5%	6.2%
北関東	4.1%	4.5%	5.0%	5.2%	5.1%	5.5%	5.3%	5.6%	5.6%	5.4%	5.6%
南関東	26.4%	27.8%	27.2%	26.2%	26.7%	27.9%	31.8%	30.8%	29.8%	31.0%	30.2%
北陸	5.0%	4.7%	4.9%	4.9%	4.8%	4.9%	4.4%	4.4%	4.6%	4.1%	4.0%
東山	1.8%	2.0%	2.1%	2.2%	2.3%	2.5%	2.5%	2.4%	2.5%	2.4%	2.2%
東海	11.8%	12.0%	12.0%	12.0%	12.5%	13.1%	13.3%	12.9%	13.3%	14.4%	15.2%
近畿内陸	4.1%	4.3%	4.6%	4.5%	3.8%	3.7%	3.6%	3.5%	3.6%	3.6%	3.7%
近畿臨海	15.3%	15.2%	14.8%	13.6%	12.2%	11.9%	12.3%	12.5%	12.3%	11.8%	12.3%
山陰	1.0%	0.9%	0.9%	0.9%	1.0%	1.0%	0.9%	0.8%	0.9%	0.8%	0.8%
山陽	6.2%	6.1%	6.7%	6.3%	5.2%	5.1%	4.7%	4.9%	4.8%	4.8%	5.3%
四国	3.0%	2.8%	3.1%	3.2%	3.0%	2.8%	2.6%	2.6%	2.7%	2.6%	2.6%
北九州	6.9%	5.7%	5.0%	5.6%	6.0%	5.6%	4.9%	4.9%	4.9%	4.8%	4.8%
南九州	3.6%	3.4%	3.6%	4.1%	4.6%	4.3%	3.6%	3.7%	3.8%	3.9%	3.9%
沖縄	0.4%	0.4%	0.6%	0.7%	0.7%	0.7%	0.7%	0.6%	0.7%	0.7%	0.7%
大都市圏	61.6%	63.8%	63.5%	61.5%	60.4%	62.2%	66.3%	65.4%	64.6%	66.3%	66.9%
地方圏	38.4%	36.2%	36.5%	38.5%	39.6%	37.8%	33.7%	34.6%	35.4%	33.7%	33.1%

資料：内閣府「県民経済計算」より作成
注：大都市圏は北関東、南関東、東海、近畿内陸、近畿臨海で、その他は地方圏とする。

　その後減少し、平成22年度（2010）には19.7兆円となっている。時間的なずれはあるものの、公的固定資本形成と民間固定資本形成の動きが連動していることが分かる。

　昭和31年度～平成22年度（1956～2010）の5年ごとの民間固定資本形成の割合を大都市圏・地方圏別に見ると（表1-8）、民間固定資本形成の割合は大都市圏で上昇し、地方圏で低下している傾向が読み取れる。ただし、大都市圏の中では、東海の割合が上昇傾向であるのに対して、北関東と南関東の割合は平成以降、また近畿内陸と近畿臨海の割合は昭和50年代以降ほぼ同程度で推移している。

　大都市圏・地方圏別に民間固定資本形成と公的固定資本形成の推移を見ると（図1-13）、公的固定資本形成では前述のとおり時期ごとに大都市圏と地

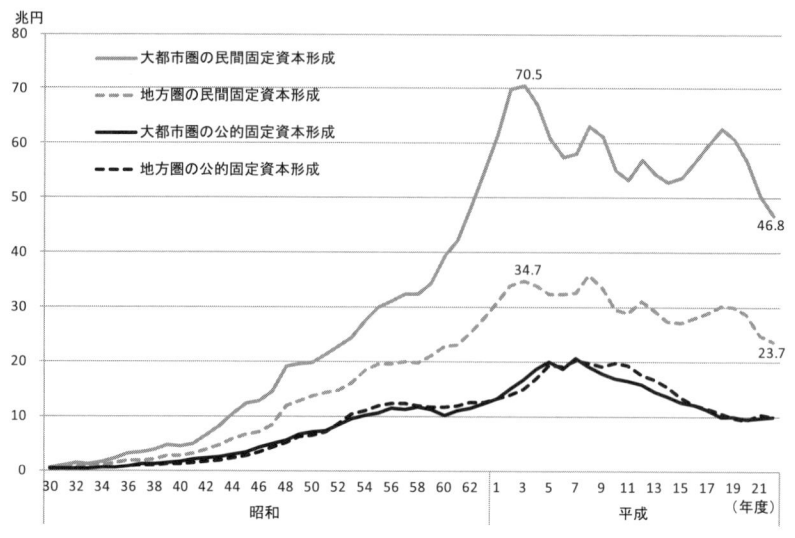

図1-13 大都市圏・地方圏別の民間・公的固定資本形成の推移
　　　　（昭和30年度〜平成22年度）

資料：内閣府「県民経済計算」より作成
注：大都市圏は北関東、南関東、東海、近畿内陸、近畿臨海で、その他は地方圏とする。

方圏のバランスに配慮した配分をしていたため大都市圏と地方圏の違いは大きくないのに対して、民間固定資本形成では常に大都市圏が地方圏を大きく上回っていることが分かる。これは主に過去からの公共投資のストックの違いを反映していると考えられるが、これを公共投資の生産力効果における大都市圏と地方圏の違いとして捉えて、近年、地方の公共投資は効率が低い、無駄だという意見も強調されるようになってきた。こうした見方は明治以来の公共投資の歴史を無視して、短期的に現象面の数字だけで判断するものであると考える。

3-3 人口の地域別動向

　昭和27年〜平成22年（1952〜2010）の人口の推移を見ると（図1-14）、全国の人口は昭和27年（1952）の8,656万人から平成22年（2010）の12,805万人へと4,149万人増加した。58年間に人口は1.5倍になった。この間に大都市

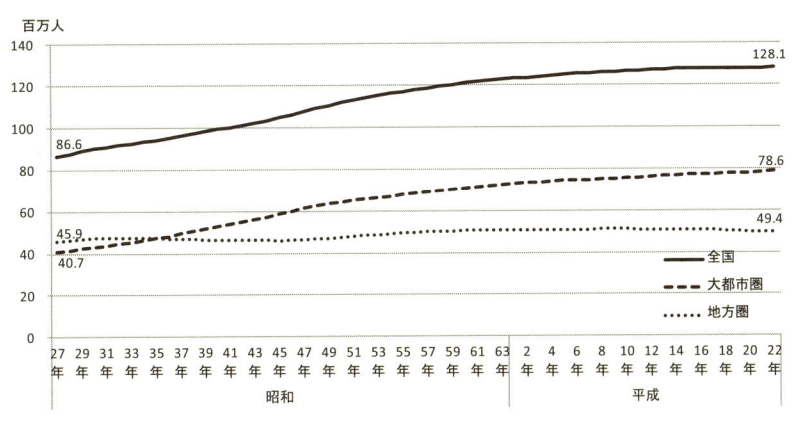

1.3 戦後の社会資本整備と国づくり

図1-14 人口の推移（昭和27年～平成22年）

資料：総務省統計局「国勢調査」及び「日本の推計人口」より作成
注：大都市圏は北関東、南関東、東海、近畿内陸、近畿臨海で、その他は地方圏とする。

表1-9 人口の地域別割合の推移（昭和25年～平成22年）

	昭和25年	昭和30年	昭和35年	昭和40年	昭和45年	昭和50年	昭和55年	昭和60年	平成2年	平成7年	平成12年	平成17年	平成22年
全国	100.0%	100.0%	100.0%	100.0%	100.0%	100.0%	100.0%	100.0%	100.0%	100.0%	100.0%	100.0%	100.0%
北海道	5.1%	5.3%	5.3%	5.2%	5.0%	4.8%	4.8%	4.7%	4.6%	4.5%	4.5%	4.4%	4.3%
東北	10.8%	10.4%	9.9%	9.2%	8.6%	8.2%	8.2%	8.0%	7.9%	7.8%	7.7%	7.5%	7.3%
北関東	6.2%	5.8%	5.4%	5.2%	5.1%	5.2%	5.3%	5.4%	5.5%	5.5%	5.5%	5.5%	5.5%
南関東	15.6%	17.1%	18.9%	21.2%	23.0%	24.2%	24.5%	25.0%	25.7%	25.9%	26.3%	27.0%	27.8%
北陸	6.2%	5.8%	5.5%	5.2%	4.9%	4.7%	4.7%	4.6%	4.5%	4.5%	4.4%	4.3%	4.3%
東山	3.4%	3.1%	2.9%	2.7%	2.6%	2.5%	2.5%	2.5%	2.4%	2.4%	2.4%	2.4%	2.4%
東海	10.6%	10.5%	10.7%	11.0%	11.3%	11.4%	11.4%	11.4%	11.5%	11.6%	11.6%	11.8%	11.8%
近畿内陸	4.1%	4.0%	3.8%	3.8%	3.9%	4.0%	4.1%	4.2%	4.2%	4.3%	4.3%	4.3%	4.3%
近畿臨海	9.7%	10.3%	11.0%	12.1%	12.7%	12.8%	12.6%	12.4%	12.3%	12.2%	12.2%	12.1%	12.1%
山陰	1.8%	1.7%	1.6%	1.4%	1.3%	1.2%	1.2%	1.2%	1.1%	1.1%	1.1%	1.1%	1.0%
山陽	6.3%	6.0%	5.8%	5.5%	5.4%	5.4%	5.3%	5.2%	5.1%	5.1%	5.0%	5.0%	4.9%
四国	5.0%	4.7%	4.4%	4.0%	3.7%	3.6%	3.6%	3.5%	3.4%	3.3%	3.3%	3.2%	3.1%
北九州	7.3%	7.3%	7.1%	6.5%	6.1%	6.0%	6.0%	5.9%	5.9%	5.9%	5.8%	5.8%	5.7%
南九州	7.1%	7.1%	6.6%	5.9%	5.4%	5.1%	5.1%	5.0%	4.9%	4.8%	4.8%	4.7%	4.6%
沖縄	0.8%	0.9%	0.9%	0.9%	0.9%	0.9%	1.0%	1.0%	1.0%	1.0%	1.0%	1.1%	1.1%
大都市圏	46.1%	47.7%	50.0%	53.3%	56.1%	57.5%	57.9%	58.4%	59.2%	59.5%	59.9%	60.6%	61.4%
地方圏	53.9%	52.3%	50.0%	46.7%	43.9%	42.5%	42.1%	41.6%	40.8%	40.5%	40.1%	39.4%	38.6%

資料：総務省統計局「国勢調査」より作成
注：大都市圏は北関東、南関東、東海、近畿内陸、近畿臨海で、その他は地方圏とする。

圏の人口が3,792万人増加したのに対して、地方圏の人口は356万人の増加にとどまっており、日本の人口増加はほとんどが大都市圏の人口増加によっていることが分かる。なお、大都市圏の人口が地方圏の人口を上回ったのは昭和36年（1961）であり、それ以降大都市圏と地方圏の人口の違いが拡大している。

昭和25年～平成22年（1950～2010）の5年ごとの地域別人口割合を大都市圏・地方圏別に見ると（表1-9）、昭和25年（1950）から平成22年（2010）にかけて、大都市圏の人口割合は46.1％から61.4％に上昇し、地方圏の人口割合は53.9％から38.6％に低下している。大都市圏の中では南関東の人口割合の上昇（12.2ポイント）が顕著であるのに対して、近畿臨海では昭和50年以降人口割合が低下している。また、地方圏の中で人口割合の低下が最も著

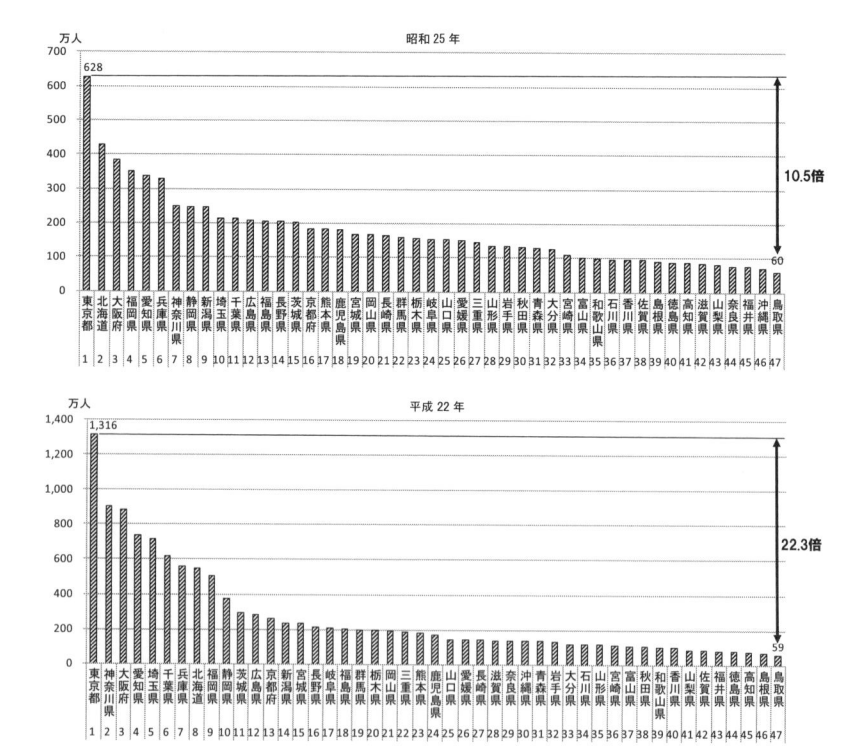

図1-15 都道府県別の人口順位（昭和25年と平成22年）
資料：総務省統計局「国勢調査」より作成

しいのは東北（3.5ポイント）で、ついで南九州（2.5ポイント）、北陸（1.9ポイント）、四国（1.9ポイント）、北九州（1.6ポイント）などであり、大都市圏から遠隔地ほど人口割合の低下が著しいことが分かる。

また、昭和25年（1950）と平成22年（2010）の都道府県別の人口順位を見ると（図1-15）、以下の2つのことを指摘することができる。

第1に、大都市圏への人口集中である。昭和25年（1950）の都道府県別の人口順位は東京都、北海道、大阪府、福岡県、愛知県の順であったが、平成22年（2010）には東京都、神奈川県、大阪府、愛知県、埼玉県の順となっており、大都市圏の人口増加が進み、その中でも南関東の人口増加が著しい。

第2に、人口の地域間格差の拡大である。昭和25年（1950）から平成22年（2010）にかけて東京都の人口が2.1倍になるなど大都市圏の人口が増加しているのに対して、最も人口が少ない鳥取県では人口が減少しているため、最も人口が多い東京都と最も人口が少ない鳥取県の差は、昭和25年（1950）には10.5倍であったが、平成22年（2010）には22.3倍に拡大している。

3-4 地域別総生産の動向

地域内総生産の増大を規定する要素は資本と労働の投入量及びそれに伴う人口の増大であると考えられるため、これまで公的固定資本形成、民間固定資本形成及び人口の地域別動向を見てきたが、この結果、地域別の総生産はどのようになったであろうか。昭和30年度～平成22年度（1955～2010）の域内総生産の推移を大都市圏・地方圏別に見ると、以下の3点を指摘することができる（図1-16）。

第1に、大都市圏の総生産の伸び率が地方圏に比べて大きいことである。昭和30年度（1955）から平成22年度（2010）にかけての域内総生産の伸び率は、大都市圏の62.7倍に対して、地方圏は44.2倍である。前述のとおり公共投資については時期ごとに大都市圏と地方圏のバランスに配慮して地域配分が行われていたが、民間投資は常に大都市圏が地方圏を上回り、人口も地方圏から大都市圏への集中が確認された。これは、戦前に大都市圏に蓄積された公共投資による社会資本に加えて、戦後昭和40年代まで大都市圏に重点的

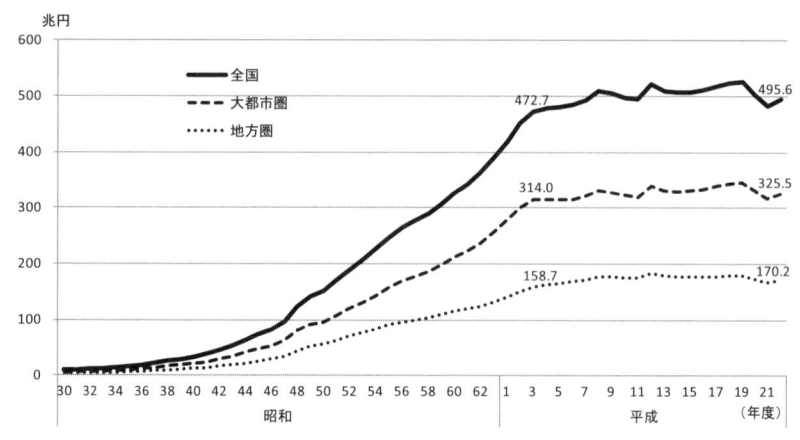

図1-16 域内総生産の推移（昭和30年度～平成22年度）
資料：内閣府「県民経済計算」より作成
注：大都市圏は北関東、南関東、東海、近畿内陸、近畿臨海で、その他は地方圏とする。

に投下された公共投資が大都市圏への民間投資を誘発し、大都市圏での産業構成の変化、大都市圏への人口集中をもたらした結果であると考えられる。

　第2に、総生産に占める大都市圏の割合の上昇である。昭和30年度（1955）には全国の総生産9.0兆円の割合は大都市圏57.4％、地方圏42.6％であったが、平成22年度（2010）には全国の総生産495.6兆円の割合は大都市圏65.7％、地方圏34.3％となっている。全国の総生産の3分の2は大都市圏で産み出されるようになり、大都市圏牽引型の国づくりが進行している。

　第3に、大都市圏、地方圏ともに平成3年（1991）頃から、域内総生産が伸び悩みを見せていることである。地方圏だけでなく、大都市圏でも総生産が横ばい状態となり、これまで進めてきた大都市圏牽引型の国づくりが行き詰まってきていることを示している。

　つぎに、昭和31年度～平成22年度（1956～2010）の5年ごとの域内総生産の割合を地域別に見ると（表1-10）、大都市圏の中では南関東が最も割合の上昇に寄与しており、近畿臨海では逆に割合を低下させていることが分かる。一方、地方圏では東北、北陸、東山、山陰、南九州の割合はあまり変動していないが、北海道、山陽、四国、北九州の割合は低下している。

　この結果、平成22年度（2010）の都道府県別の総生産を大きい順に並べる

1.3 戦後の社会資本整備と国づくり

表1-10 域内総生産の地域別割合の推移（昭和31年度～平成22年度）

	昭和31～35年度	昭和36～40年度	昭和41～45年度	昭和46～50年度	昭和51～55年度	昭和56～60年度	昭和61～平成2年度	平成3～7年度	平成8～12年度	平成13～17年度	平成18～22年度
全国計	100.0%	100.0%	100.0%	100.0%	100.0%	100.0%	100.0%	100.0%	100.0%	100.0%	100.0%
北海道	5.3%	4.8%	4.3%	4.2%	4.3%	4.1%	3.9%	3.9%	4.0%	3.9%	3.7%
東北	7.0%	6.4%	6.2%	6.3%	6.7%	6.5%	6.3%	6.5%	6.7%	6.5%	6.4%
北関東	4.2%	4.2%	4.3%	4.6%	5.0%	5.2%	5.2%	5.3%	5.4%	5.3%	5.3%
南関東	25.7%	28.0%	28.9%	28.9%	28.7%	30.0%	31.9%	31.2%	30.7%	31.5%	31.9%
北陸	4.9%	4.6%	4.4%	4.3%	4.4%	4.4%	4.2%	4.3%	4.4%	4.3%	4.2%
東山	2.1%	2.1%	2.0%	2.1%	2.1%	2.2%	2.2%	2.2%	2.3%	2.2%	2.2%
東海	12.0%	12.2%	12.3%	12.2%	12.1%	12.3%	12.4%	12.3%	12.4%	12.8%	12.9%
近畿内陸	3.7%	3.5%	3.5%	3.6%	3.6%	3.7%	3.7%	3.8%	3.8%	3.8%	3.8%
近畿臨海	14.2%	15.3%	15.6%	14.9%	13.9%	13.2%	12.7%	13.0%	12.7%	11.8%	11.8%
山陰	1.1%	1.0%	0.9%	0.9%	0.9%	0.9%	0.9%	0.9%	0.9%	0.9%	0.9%
山陽	5.5%	5.4%	5.7%	5.6%	5.4%	5.1%	4.9%	4.9%	4.8%	4.8%	4.8%
四国	3.4%	3.2%	3.1%	3.0%	3.0%	2.8%	2.6%	2.7%	2.7%	2.7%	2.7%
北九州	6.3%	5.3%	5.0%	5.2%	5.4%	5.1%	4.7%	4.8%	4.9%	4.9%	5.0%
南九州	4.1%	3.7%	3.5%	3.6%	3.9%	3.8%	3.6%	3.6%	3.7%	3.7%	3.7%
沖縄	0.4%	0.4%	0.4%	0.5%	0.6%	0.6%	0.6%	0.6%	0.7%	0.7%	0.7%
大都市圏	59.8%	63.2%	64.6%	64.2%	63.3%	64.4%	66.0%	65.6%	64.9%	65.2%	65.7%
地方圏	40.2%	36.8%	35.4%	35.8%	36.7%	35.6%	34.0%	34.4%	35.1%	34.8%	34.3%

資料：内閣府「県民経済計算」より作成
注：大都市圏は北関東、南関東、東海、近畿内陸、近畿臨海で、その他は地方圏とする。

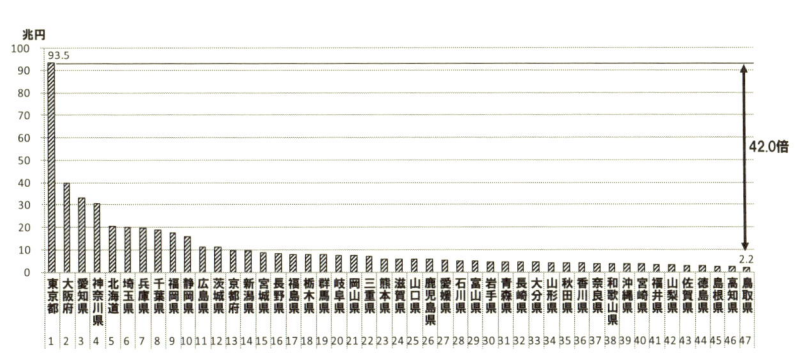

図1-17 都道府県別の総生産（平成22年度）

資料：内閣府「県民経済計算」より作成

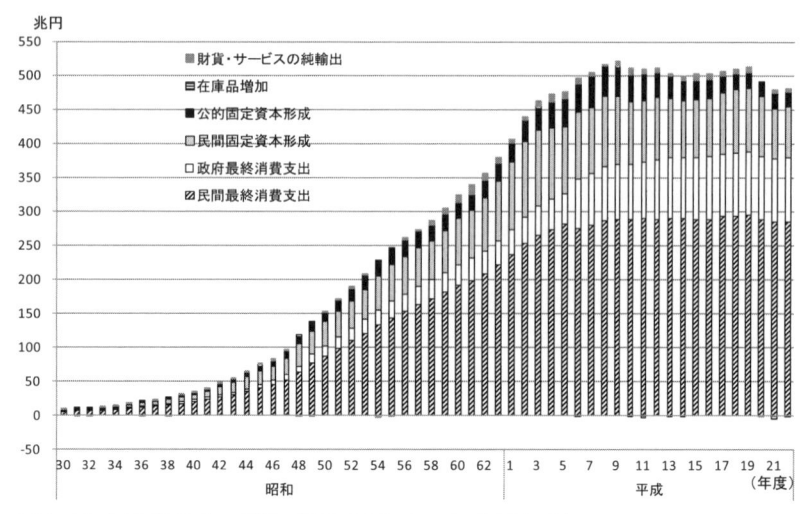

図1-18 国内総生産の推移（昭和30年度～平成22年度）
資料：内閣府「国民経済計算」より作成

と（図1-17）、第一位は東京都で、ついで大阪府、愛知県、神奈川県といった大都市圏の都府県が並び、逆に最も少ない県は鳥取県、ついで高知県、島根県、徳島県、佐賀県など山陰、四国、九州などの地方圏の県が並んでいる。東京都93.5兆円と鳥取県2.2兆円の域内総生産の差は42.0倍となっている。

域内総生産を合計した国内総生産の推移を示すと、図1-18のとおりである。国内総生産は、時期によって伸び率に違いはあるものの、平成3年度（1991）頃までは増加してきたが、その後伸び悩み、近年は横ばい傾向となっている。国内総生産は、民間最終消費支出（個人消費）、政府最終消費支出、民間固定資本形成、公的固定資本形成、在庫品増加、財貨・サービスの純輸出により構成されるので、その内訳について見ることにする。

平成22年度（2010）に国内総生産の約6割を占める民間最終消費支出は、平成5年度（1993）あたりから平成22年度（2010）にかけて280～290兆円程度でほぼ横ばいである。一方、政府最終消費支出（政府による消費財への支払い、公務員給与、社会保障費等）は平成2年度（1990）の39.5兆円から平成22年度（2010）には95.6兆円へと2.4倍に増えている。民間固定資本形成については、前述のとおり平成3年度（1991）をピークに減少傾向であり、公

的固定資本形成は平成7年度（1995）をピークに減少傾向となっている。つまり、公共投資が抑制され、民間投資も減少し、個人消費は横ばい状態であって、社会保障費等が増えることによって、全体として日本の国内総生産が横ばい状態を保っていることが分かる。社会保障費を除けば、日本の経済規模は縮小しており、これまでの国づくりが行き詰まってきていることを示している。

戦後の社会資本整備と国づくりの考察を通じて、以下の4点を指摘することができる。

第1に、戦後の公共投資も戦前と同様に、民間投資を誘発して日本の発展に貢献してきたことである。特に昭和36年（1961）の国民所得倍増計画等に基づき、昭和30年代後半から40年代前半にかけて大都市圏に公共投資が重点的に配分された結果、大都市圏に民間投資が集中し、労働力が吸引されて、大都市圏で短期間に効率的に経済成長が実現された。

第2に、戦前からの大都市圏牽引型の国づくりが継続されてきたことにより、大都市圏と地方圏の不均等発展が促進されてきたことである。「国土の均衡ある発展」という理念のもとで地域間の不均等発展を是正するための配慮も行われたが、実際には是正することはできず、むしろ不均等発展が拡大されてきた。

第3に、国の発展に伴い、戦前と同様に戦後も日本の人口が増加したことである。ただし、増大した人口は大都市圏に集中したため、大都市圏では過密、地方圏では過疎という問題を引き起こし、日本を停滞させる一因になっている。

第4に、大都市圏、地方圏ともに平成3年（1991）頃から、域内総生産が横ばい状態になっていることである。国内総生産の内訳を見ると、公共投資が抑制され、民間投資も減少し、個人消費は横ばい状態であって、社会保障費等が増えることによって、全体として日本の国内総生産が横ばいとなっている。社会保障費を除くと、日本の経済規模は縮小しており、これまでの国づくりが行き詰まってきている。

<注>
1) 土木学会編「明治以前日本土木史」1607-1608頁
2) 土木学会編「明治以前日本土木史」940頁
3) 沢本守幸「公共投資100年の歩み」123-124頁
4) 沢本守幸「公共投資100年の歩み」134頁
5) 高橋裕「現代日本土木史　第二版」43-44頁
6) 大蔵省「昭和財政史　第四巻　臨時軍事費」5頁
7) 古厩忠夫「裏日本」30-52頁
8) 古厩忠夫「裏日本」38頁
9) 藤井信幸「地域開発の来歴」44頁によると、内務省の直轄土木費は地方土木費の10％前後にすぎないので、地方土木費の地域配分状況を見ることにより、おおよそ戦前の内務省所管の土木事業の地域配分を知ることができる。
10) 山口和雄「明治前期経済の分析」1-36頁
11) 一般に戦後の公共投資額を示す際に、以下の3つの指標が用いられる。
①行政投資実績：国、地方公共団体が行う社会資本の新設・改良等に関する費用であり、総務省「行政投資実績」で公表されている。
②公的固定資本形成：国、地方公共団体が行う社会資本の新設・改良等に関する費用であり、内閣府「国民経済計算」及び「県民経済計算」で公表されている。行政投資実績と公的固定資本形成の違いは、以下の2点である。第1に、行政投資実績には用地費及び補償費、民間への資本的補助金が含まれているが、公的固定資本形成には含まれていない。第2に、社会資本の新設・改良等に係る主体として、公的固定資本形成には特殊法人、独立行政法人等が含まれているが、行政投資実績には含まれていない。
③公共事業関係費：国の予算及び決算で用いられている公共事業関係の費用であり、財務省「財政統計」で公表されている。なお、地方公共団体については、別途、総務省「地方財政統計」で投資的経費（普通建設事業費、災害復旧事業費、失業対策事業費）が公表されており、国の公共事業関係費に相当する。

第2章 川と道をめぐる住民と行政

明治以降、社会資本整備が進められて、日本は発展してきた。しかし、1990年代以降、国のため、国民のためになるはずの公共事業が批判されるようになる。その背景には、後述するように1990年代以降に起こる直接的要因とは別に、明治以降に行政が社会資本整備の推進主体となる過程で徐々に推進主体への国民の支持意識が希薄化してきたことがあると考えられる。以下では、明治以降の川と道をめぐる住民と行政の関わりについて、四国の川づくりと紀伊半島の道づくりも例として取り上げながら、考察することにする。

1. 川をめぐる住民と行政

1-1 川への住民の関わりと行政による河川整備

まず、全国的な動きとして、川づくりに住民と行政がどのように関わってきたのかを、江戸時代まで、明治～昭和戦前期、昭和戦後期、平成時代に時期区分して見ることにする。

①江戸時代まで―個人、地域、藩による川の管理―
　古来、人々は川の氾濫に対して安全な所、水を利用しやすい所から住み始め、新参者はより安全性の低い所、取水しにくい所に住まざるを得なかった。このため、川をめぐって上下流や左右岸の対立が起こった時には、原則として先住者優先の考え方で争いが処理されてきた。
　江戸時代に人口が増え、新田開発が進められると、治水面や利水面で、川をめぐる上下流・左右岸の対立が一層激しくなってきた。対立が当事者間で解決できない時には、利害関係者の範囲に応じて、その範囲が村内であれば庄屋が、複数の村々に関係する場合には大庄屋が、もっと広域的な範囲であれば郡代や藩が仲裁するなどした。また、川が一つの藩内を越えて複数の藩にまたがる場合には、藩同士の問題になり、幕府が関与することもあったが、基本的には先住者優先の考え方や藩の力関係などで争い事が処理されてきた。

川の堤防やため池を作る際には、地域の人々が自らの労力で行う「自普請」のほか、地域の人々が庄屋、大庄屋、郡代等を経て藩に請願して藩の許可を得て「藩普請」が行われるなどしたが、藩普請であってもすべての費用を藩が負担するわけではなく、地域の人々にも労役などが課されていた。つまり、江戸時代までの河川管理には個人や地域が深くかかわっており、行政は主に河川をめぐる利害対立を調整したり、領地内を統治するための機関としての役割を果たしていた。

②明治〜昭和戦前期 ─ 国による計画的な治水 ─

　明治維新後は、国が河川の中央集権化を進め、それまで個人や地域が担っていた河川管理の役割を行政が担うようになってきた。明治6年（1873）に内務省が設置され、オランダ人技師らを招へいし、河川の改修計画がつくられ、全国14河川が直轄河川に認定された。着工年は、明治7年（1874）に淀川、明治8年（1875）に利根川、明治9年（1876）に信濃川、明治11年（1878）に木曽川、明治15年（1882）に北上川と阿賀野川、明治16年（1883）に富士川と庄川、明治17年（1884）に阿武隈川、最上川、筑後川、吉野川、そして明治18年（1885）に大井川と天竜川というように、大阪、東京周辺の河川から始めて、その後地方でも開始することになっているが、複数の県にまたがる大河川の河川工事が全国的なバランスに配慮して行われていたことが分かる。当初は、低水工事（舟運のための河身工事）は国で施工し、高水工事（洪水防御のための堤防工事）は府県が局所的に行うという方針が決められたが、実際には財政難により低水工事などが局所的に行われたにすぎなかった。

　しかし、明治20（1887）年前後に洪水による被害が頻発したため治水の論議が全国的に沸騰したこと、鉄道整備によって舟運のための低水工事の意義が減退してきたことに加えて、明治27年〜28年（1894〜1895）の日清戦争後に清国から賠償金を得て国の財政基盤が強化されたことなどを背景に、国による高水工事への要望が強まってきた。

　このため、明治29年（1896）に河川法が制定され、内務省は淀川、筑後川の高水工事に着手し、その後、利根川、庄川、九頭竜川、遠賀川、淀川、信濃川、吉野川、高梁川、渡良瀬川の直轄施工に着手したが、明治43年（1910）

に全国各地で大水害が起こり、政府は臨時治水調査会を設置し、根本的な治水計画を策定することになった。

明治43年（1910）の第一次治水計画は国による初めての長期計画であり、国の直轄事業として改修を行うべき河川として65河川を定め、明治44年度（1911）から18ヵ年で第一期20河川と第二期45河川に分けて河川改修が行われることになった（表2-1）。この指定状況を見ると、全国的なバランスに配慮して指定がなされていることが分かる。

政府は、財政的な理由や産業の開発、河状の変化などにより、第一次治水計画を再検討することとし、大正10年（1921）に第二次臨時治水調査会を設置して、第二次治水計画を樹立した。この計画では、大正11年度（1922）から20ヵ年以内に改修すべき河川として、第一次治水計画の第二期34河川と追加の23河川の合計57河川を指定して河川改修が行われることになった。

ところが、大正12年（1923）に関東大震災が発生し、その復旧に財源が振り向けられるとともに、昭和恐慌への対応により昭和7年（1932）より3ヵ年計画で時局匡救事業が行われるなどしたため、第二次治水計画は進展せず、政府は昭和8年（1933）に土木会議を設置し、治水計画を改訂した。第三次治水計画では、10年以内に着工、15年以内に改修すべき河川として、第一次治水計画の第二期15河川と第二次治水計画の9河川の合計24河川を指定した。

表2-1 第一次治水計画に定められた河川

地域	第一期（20河川）	第二期（45河川）
東北	北上川、最上川、雄物川、岩木川	鳴瀬川、阿武隈川、米代川、馬淵川、名取川、相坂川
関東	利根川、荒川	多摩川、中川、久慈川、鶴見川、那珂川、相模川、酒匂川
北陸	信濃川、庄川、阿賀野川、神通川	手取川、関川
中部	木曽川、富士川	太田川、天竜川、鹿野川、矢作川、豊川、庄内川、鈴鹿川
近畿	淀川、九頭竜川、加古川	円山川、紀ノ川、大和川、由良川
中国	高梁川、斐伊川	千代川、芦田川、旭川、太田川、吉井川、郷川
四国	吉野川	渡川、仁淀川、肱川
九州	遠賀川、緑川	筑後川、大淀川、大野川、川内川、球磨川、肝属川、菊池川、大分川、矢部川、白川

資料：日本工業会編「明治工業史　6土木編」より作成

また、第三次治水計画では中小河川への国庫補助が正式に設定され、国庫の財源として公債に頼ることが決められた。しかし、日本が戦時体制に突入する中で治水計画は計画どおりには進まなかった。[1]

この時期には、明治29年（1896）に河川法が制定された後でも、旧来の慣習を引き継いだ地先管理主義が踏襲されたため、河川管理は府県によって上下流や左右岸に分断して行われ、今日のような広域的な管理は行われていなかった。

③昭和戦後期
■国による河川の統一的な管理

戦後、治水面と利水面から、河川を上下流や左右岸に分断して管理する地先管理主義の変更が要請されることになる。

治水面では、昭和20年代から30年代にかけて、枕崎台風（昭和20年）、カスリーン台風（昭和22年）、狩野川台風（昭和33年）、伊勢湾台風（昭和34年）等の台風被害が頻発して、人命と財産を守る治水事業が急務となった。しかし、日本は河川下流の大都市に人口や資産が集中する国土の構造となっているため、下流の大都市の人口や資産を守るためには、上流に洪水調節用のダムや遊水地をつくることが必要となるものの、地先管理主義ではこうした要請に対応しにくいという問題が発生してきた。

利水面では、戦後の経済発展に伴い、大都市への人口や産業機能の集中が加速し、大都市での上水道や工業用水の需要は増大してきたが、地先管理主義のもとでは水資源を開発することも、広域的に通水することも困難であるため、地先管理主義の河川管理では時代の要請に応えにくい状況となってきた。また、発電事業が進むにつれて、河川に関する利水面での法律上の規定も必要となってきた。

このため、昭和39年（1964）に新河川法が制定され、治水に加えて利水に関する規定が設けられ、河川は上流から下流まで、また左右岸を一体的に管理する水系一貫主義の考え方が定まった。これにより、主要な河川である一級河川109水系は国が管理し、中小規模の二級河川は都道府県が管理することになった。これにより国が治水・利水面で河川を統一的に管理する体制が

整った。

　行政が河川管理の主役になることにより、ダム建設や河川改修工事等が進み、水害は減り、水の安定供給が図られることになったが、一方で、住民は川から離れ、行政依存の傾向を強めることになった。さらに、昭和47年（1972）の豪雨による水害を契機に、寝屋川水系の大東水害訴訟など各地で水害訴訟が起こった。被害は昭和20年代や30年代の水害の方が激甚であったが、その頃には水害は日本の宿命であり、被災者は水害の原因を河川管理者にあるとは考えなかったという。[2] 昭和47年（1972）の水害訴訟は、それまで川に関わってきた住民が川から離れ、河川管理を行政に任せるようになった象徴的な出来事であると考えられる。

■河川の重要度の登場

　治水計画は、既往最大の洪水流量を目標に、その時の財政状況などを考慮して立てられていたが、戦後、洪水流量記録に基づいた確率解析により、河川の重要度に応じた治水目標が設定されるようになった。

　松浦茂樹「治水長期計画の策定の経緯とその基本的考え方の変遷」[3] によると、昭和35年（1960）に策定された治水事業十ヵ年計画の前期計画及び昭和40年（1965）策定の第二次治水五ヵ年計画まではほぼ既往最大主義であり、計画対象流量が既往最大より大きくなるのは昭和43年（1968）策定の第三次治水五ヵ年計画から、本格的には直轄河川全体の基本高水の年超過確率を1/100～1/200にしようとした昭和47年（1972）策定の第四次治水五ヵ年計画以降であるという。

　こうして昭和40年代以降、河川の重要度が治水計画の規模を決める上で重要な要素となり、首都圏や近畿圏の大河川では200年に一度の洪水規模を目標に河川整備を進めることになって、信濃川、吉野川などの1/150、その他地方の河川の1/100と区別されるようになった。超過確率主義の採用により河川の重要度に応じた治水目標が設定されることにより、国による統一的な河川管理が可能になるとともに、既往最大よりも大きな規模の治水計画が立てられることになった。

　既往最大主義という地域に密着した考え方から、机上の計算で計画規模を

決める超過確率主義への転換は、行政による河川管理を強め、河川から住民を排除する役割を果たし、その後の河川行政への国民の批判を助長してきた一因であると見ることもできる。

なお、計画規模の拡大は、流域開発に伴い氾濫原の人口・資産の増大により治水面から要求されるだけではなく、利水面でも増大する都市用水の確保のためにダム・河口堰等の建設が求められた。中村晋一郎・沖大幹「我国における基本高水改定要因の変遷とその特徴」[4]によると、一級河川109水系の基本高水の改定理由は、昭和38年（1963）までは治水長期計画などを契機とした改定や大規模な洪水の発生を契機とした改定がほとんどであったが、昭和39年（1964）の河川法改正以降、流域開発を契機とした改定が登場し、第四次治水五ヵ年計画が策定された昭和47年（1972）から平成9年（1997）にかけては改定要因の74%が流域開発であった。

④平成時代

■超過洪水対策としての高規格堤防

河川の重要度が高い首都圏や近畿圏の大河川で河川整備が行われてきた結果、これら河川の流域に人口や資産が集中してきた。平成17年（2005）の一級水系109水系に占める首都圏の利根川・荒川・多摩川水系及び近畿圏の大和川・淀川水系の5水系合計の割合を見ると、流域の総面積が12.6%であるのに対して、総人口と一般資産額は約50%に達しており、人口と資産が大都市に集中していることが分かる（表2-2）。

表2-2　一級水系の流域の総面積・総人口・一般資産額

		総面積（km²）	総人口（千人）	一般資産額（兆円）
全国計		240,620（100.0%）	78,738（100.0%）	1,418（100.0%）
5水系計		30,330（ 12.6%）	39,441（ 50.1%）	697（ 49.2%）
首都圏	利根川	16,840（ 7.0%）	12,794（ 16.2%）	214（ 15.1%）
	荒川	2,940（ 1.2%）	9,756（ 12.4%）	188（ 13.3%）
	多摩川	1,240（ 0.5%）	3,780（ 4.8%）	65（ 4.6%）
近畿圏	大和川	1,070（ 0.4%）	2,125（ 2.7%）	33（ 2.3%）
	淀川	8,240（ 3.4%）	10,986（ 14.0%）	197（ 13.9%）

資料：国土交通省河川局資料（平成17年基準）より作成

こうした状況に対して、平成3年（1991）の河川法改正により、高規格堤防（いわゆるスーパー堤防）が法的に位置づけられた。これは、昭和62年（1987）の河川審議会答申「超過洪水対策及びその推進方策について」に基づき、人口や資産が集中した大都市で計画高水位を上回る超過洪水が発生した場合に壊滅的な被害を回避するための方策である。

高規格堤防は、首都圏及び近畿圏の人口・資産が高密度に集積した低平地を抱える地域を対象に、まちづくり事業と一体となって、新たな堤防用地を買収することなく盛土等を行うことによって、良好な市街地・住環境を形成するとともに、超過洪水にも耐えることができる堤防として整備されるもので、首都圏の利根川、江戸川、荒川、多摩川と近畿圏の淀川、大和川の合計約873kmの整備区間として進められてきた。

しかし、平成22年（2010）の行政刷新会議の事業仕分けで、事業費が膨大で、進捗率も低い等の批判を受け、高規格堤防整備事業は一旦廃止と評価されたため、国土交通省では平成23年（2011）に設置した「高規格堤防の見直しに関する検討会」で検討を行い、整備区間をゼロメートル地帯や密集した浸水深の大きい地域に縮小したり、整備手法の見直しによりコストを縮減するなどして、高規格堤防の整備を進めることとした。

■川をめぐる住民と行政の対立

また、平成になると、川をめぐる住民と行政の対立が大きな問題になった。それまでもダム建設などで住民と行政の対立はあったが、多くは地域の問題にとどまっていた。しかし、昭和63年（1988）の長良川河口堰本体工事の着工以降、長良川河口堰をめぐる行政と住民の対立は公共事業批判や環境問題への関心の高まりの中で全国的な問題となった。

平成7年（1995）に長良川河口堰の本格運用を前に、長良川河口堰問題の教訓を踏まえて、建設省はダム等の大規模河川事業の進め方についてより透明性と客観性を確保するため、試行的な取り組みとして全国の11事業をダム等事業審議委員会設置対象事業とした（その後、対象事業が追加されて14事業となった）。

このうち、吉野川第十堰については、審議委員会が2年9ヵ月の審議を経て、

事業実施は妥当であるとの意見を提出したが、市民団体等から審議委員の人選や審議方法等に対する疑問が出され、第十堰問題はマスコミ等を通じて公共事業をめぐって住民と行政が対立する象徴的な事例として取り上げられるようになった。紆余曲折の結果、平成12年（2000）に徳島市で住民投票が行われ、その結果、約9割が事業に反対するという数字が残された。

川をめぐり住民と行政の関係が問われる中で、平成9年（1997）に河川法が改正されて、法の目的に治水、利水のほかに環境が加えられるとともに、地域の意見を反映した河川整備の計画制度の導入などが行われた。これを受けて、建設省ではコミュニケーション型行政の名のもとに、地域の人々との連携や住民合意等を重視した河川事業を行うようになった。

河川法改正に伴い、河川整備計画の作成にあたって各地で住民等の意見を聴く場として流域委員会が設置されたが、平成13年（2001）に設置された淀川水系流域委員会は一般公募の委員枠を設けるとともに、事務局を民間機関に委託するなど新たな運営方式を採用し、「淀川方式」と呼ばれるほど注目された。ところが、淀川水系流域委員会は膨大な審議時間と多額の費用を費やしたが、流域委員会の提言と国土交通省の方針が対立するなど混乱して、河川事業への住民参加のあり方や河川管理者の主体性などが問われることになった。

1-2 四国の川づくりにおける住民と行政

つぎに四国の川づくりを例に、地域住民と行政がどのように関わってきたのかについて、四国の市町村史、河川史などをもとに見ることにする。

①江戸時代

藩政期の川の管理は、地域の人々が自らの労力で行う「自普請」のほか、地域の人々が庄屋、大庄屋、郡代等を経て藩に請願して藩の許可を得て行う「藩普請」などによって行われていた。工事の規模が小さい場合には自普請で行われ、自普請では対応できないほど規模の大きな場合には藩普請で行われた。ただし、藩普請といっても、すべての経費を藩が負担するのではなく、

費用の一部を藩が負担し、残りは地域で負担する形式であった。藩普請を請願する時には、庄屋が御願書を作成して、庄屋から大庄屋へ、さらに郡奉行を経て、藩の公共事業として採用されて実現されるという手続きを踏んでいた。

自普請と藩普請の区分は、藩や工事内容によって異なっていたようである。例えば、伊予の西条藩の場合には、河川・海岸堤防の営繕は藩が担当し、道路修繕は村が担当する場所が多く、溝渠・悪水路浚は村の担当であったが、松山藩では、河川ごとに普請担当を定め、半官半民の部分もあり、洪水などで村々や村組合の手に負えない場合には藩が担当することになっていた。また幕領では、河川・海岸・溜池・泉堀などはすべて官費負担、道路溝渠はすべて村費負担と明確に区分されていた。[5] ただし、藩の財政が厳しくなる江戸時代後期になると、洪水などで堤防の修復などを行う場合にも、藩普請ではなく、自普請で対応せざるを得ないことも多かったようである。実際に普請がどのように行われていたのかをいくつかの事例で見ることにする。

徳島県の美馬市穴吹町舞中島では、吉野川の築堤工事などを村負担で行っていた。舞中島の大塚家文書によると、弘化4年（1847）から慶応3年（1867）までの21年間に25度にわたり自力で舞中島を水災から守るため、吉野川筋、小俣川筋（明連川）の築堤・護岸工事を行い、それらの工事に村から出役した延べ人数は26万9,258人余（人夫賃銀175貫余）で、このほかに石工・大工の賃金、木竹等の資材費も村が負担したため、合計工事費は銀197貫余となった。この金額は、慶応3年（1867）当時の通用金に換算すると2,150両になると記録されている。[6] 地元の人々がいかに膨大な資金を投じて自らの地域を守るために努力していたのかを知ることができる。

また、高知県須崎市の新荘川の流域では、大雨が降る度に、洪水による被害を受けてきたため、農民の佐々木惣之丞（1738年～1817年）が堤防を築く決意をし、村人の協力も得て十数年後に合計4kmの堤防を完成させた。この堤防は、まず新荘川の左岸に第一堤防を築き、さらにその内側に第二、第三の堤防を、必要なところは四段構えにして川の氾濫を防ぐものであった。この堤防ができてから、新しく50町歩の田畑が開かれ、村人たちは米の収穫量を増やすことができたという。なお、この築堤には妻の内助の功が大きく

関わり、当初工事費に当てる資金200両は妻が高岡から借用してきたという話も伝えられており、妻の功績を顕彰するため後世の農民によって石地蔵が建てられている。[7]

このように地域の住民自ら川づくりを行う一方で、地域住民の要請により藩普請として川づくりが行われた例もある。徳島県の那賀川流域では、天明7年（1787）の洪水により大きな被害が出たため、古毛（阿南市羽ノ浦町）の組頭庄屋吉田宅兵衛は、那賀川北岸に堤防を築くことを決意した。繰り返される洪水のため、生活が貧しく、資力に乏しい村民の民費賦課は甚だ困難なことを承知の上で、堤防によって洪水を防ぐ計画を説き

写真2-1 佐々木惣之丞が築いた堤防のなごり（高知県須崎市）

写真2-2 那賀川左岸の万代堤（徳島県阿南市羽ノ浦町）

回り、北岸の14ヵ村の合意を得て堤防を築くことになった。阿波藩は、観農普請奉行を派遣してこれを助け、吉田宅兵衛を修築土工事業総押え取締役にすえ、銀1,767貫（8,860両）をもって、5年を要して築堤を完成させた。延長594間、敷幅24間半、高さ4間の堤防は万代堤と命名された。[8]

また、施設の建設は藩普請として行われたものの、完成後の施設の維持管理が地元に任されていた例として、徳島県吉野川の第十堰があげられる。元禄14年（1701）に新川掘抜工事により開削された新川（現在の吉野川）は、洪水のたびに川幅を拡大し、それに伴い北川筋（現在の旧吉野川）への流量は減少した。このため、寛延3年（1750）、大松村の庄屋丹右衛門、平石村の庄屋繁右衛門が発願者となって、旧吉野川沿いの村々を説き回り、下板44ヵ

村の連判状を添えて第十村での新川せき止めの普請を藩に嘆願した。藩は現地を調査し、宝暦2年（1752）に新川せき止めの普請は願いどおりに許可され、幅7間より12間、長さ220間の第十堰が完成した。工費として藩庫から59貫余（約1,000両）が支出されたが、これ以外にも旧吉野川沿いの44ヵ村の受益者負担額も相当あったようである。その上、第十堰は完成したものの、追加工事、補修、維持管理の分担金は、旧吉野川の水に頼る農民たちに課されたため、第十堰の維持管理は農民たちを圧迫し続けた。[9]

写真2-3　吉野川の第十堰（徳島県石井町）

江戸時代には、地域住民が自ら行う自普請であろうと、藩による普請であろうと、川の堤防築造や修復、維持管理などに地域住民が関わり、地域住民は川づくりの中心的な役割を果たしていたと言える。

②明治～昭和戦前期

■住民から行政への河川管理主体の移行

明治以降、河川管理の主体が地域の住民から行政へと移行することになったが、四国では昭和戦前期までに直轄改修が開始された河川は吉野川、那賀川、渡川（四万十川）の3河川にとどまった。これら3河川の動きを示すと以下のとおりであるが、それぞれに直轄改修が行われるまでには紆余曲折があり、相当な苦労があったことがうかがわれる。

吉野川では、オランダ人技師デ・レーケが明治17年（1884）に吉野川を3週間調査した後、「吉野川検査復命書」をとりまとめ、この復命書をもとに明治18年（1885）から内務省と徳島県により改修工事が進められることになった。しかし、明治21年（1888）7月に洪水に見舞われ、覚円騒動が発生した。これは、吉野川改修工事中に西覚円村（現石井町）の堤防が決壊し、多数の犠牲者が出た際、地元住民は水害の原因が国の改修工事にあるとして県に訴

え、県が国に対して工事中止を求めたというものである。この時、工事を中止するのではなく、秋の台風に備えて復旧工事をすべきだとして国の改修工事の実施を求めた被災者もいたが、結局、改修工事は明治22年（1889）にいったん中止された。しかし、明治25年（1892）7月の洪水で大被害が出たため、明治26年（1893）から徳島県議会は再び吉野川改修工事を行うよう請願した。明治29年（1896）に河川法が制定され、重要な河川については内務省が直轄施工することになり、吉野川は明治34年（1901）に直轄施工河川に認定され、明治40年（1907）になって第一期改修事業として吉野川改修工事が再開された。第一期改修工事は、別宮川（現在の吉野川）を本流として、岩津から河口に至る約40kmの連続堤を整備して、直線的な広い流路に改修することなどを内容とするもので、昭和2年（1927）に竣工した。[10]

那賀川では、地域住民からの改修要望が強まったため、徳島県により明治32年（1899）改修工事が着手されたが、財政的な理由から一部を実施したのみで中止されている。その後、大正元年（1912）及び大正7年（1918）に洪水に見舞われたが、大正7年（1918）の洪水時には、左岸側の古毛では堤防の上から手が洗えるほどまで増水し、下の方の堤防が切れかかったので、地元の人々が全力を挙げて堤防に杭を打って守ったという。堤防はうねって危険な状態であったが、右岸側が破堤したため、左岸側の破堤は免れた。この大正元年（1912）及び大正7年（1918）の洪水を契機に、那賀川・桑野川の抜本的な改修の必要性が認められ、大正10年（1921）に直轄改修河川に選定された。さらに大正14年（1925）の那賀川改修工事計画の策定を経て、昭和4年（1929）に直轄改修事業として着手されることになった。[11]

渡川（四万十川）では、明治19年（1886）8月の洪水で四万十市の右山堤防が崩壊し、明治23年（1890）9月の洪水で再び右山堤防は被災した。このため、明治28年（1895）に右山と不破の境界の長池に新たな堤防がつくられたが、これは地域住民総出延べ12,500人で粉骨砕身してできたものであった。[12] この後も明治40年（1907）、明治44年（1911）、大正元年（1912）、大正7年（1918）と全町浸水の洪水に見舞われたが、堤防工事は依然として地元に任されたままであり、大正8年（1919）12月の県会に県費負担を求める意見書が提出された。このため、県知事は政府と交渉し、資金の無利子融資

を受け、内務省及び県土木課長の設計査定により堤防の修築等に補助あるいは貸付を行うなどの措置を講じ、渡川は県費支弁河川に編入された。なお、陳情のため内務省の治水調査委員を歴訪した県会議員などは、治水に関する他県の活動の目覚ましさに比べて、高知県の運動が甚だしい立ちおくれぶりで赤面の至りであったと報告し、早急に治水期成同盟を組織し、調査に着手することを要望している。[13] 渡川は、大正10年（1921）の第二次臨時治水調査会で第二期河川に編入され、昭和4年（1929）に直轄改修が着手された。

　四国では吉野川、那賀川、渡川以外の河川でも、地域住民から直轄改修の要望が出されたが、戦前に実現することはなかった。例えば、愛媛県の重信川については、明治期に度々水害に見舞われたため、明治34年（1901）頃に愛媛県で河川改修の議論が行われたが、県費で改修費用を賄うことはできないとして、災害復旧を行うにとどまっていた。大正10年（1921）に同じ県内の肱川は第一次治水計画の第二期河川に指定されたのに対して、重信川は指定されなかったため、南吉井村（現東温市）の村長は河川改修なくして村の発展はないと世論を喚起して、大正12年（1923）に流域13ヵ村による「重信川治水研究会」を発足させ、国に改修計画を請願することとした。その年、洪水で拝志村と川上村（いずれも現東温市）で水害が起こり、南吉井村長は再三上京し、改修の緊急かつ重要なことを陳情した。その結果、重信川は昭和4年（1929）に国による治水計画の適用河川に認定を受けることになったが、直轄事業が行われるのは昭和18年（1943）の水害を契機に昭和20年（1945）に始まった改修工事からであった。[14]

　地域住民から行政への河川管理主体の移行は直轄事業の対象となる大河川だけではなく、中小の河川でも見られた。例えば、徳島県宍喰町（現海陽町）の宍喰川では、大正8年（1919）の堤防決壊による復旧工事を契機に、大正10年（1921）から宍喰川を県費支弁区域に移管するための請願陳情が続けられ、昭和4年（1929）頃になって県費支弁区域の河川（準用河川）に認められた。[15] また、徳島県山川町（現吉野川市）の川田川では、住民が水害防止のため水害予防組合を組織して活動してきたが、県の補助は3分の1程度であったため、地元住民にとって組合費は大きな負担となっていた。このため、国や県に水害予防の経費負担を願う陳情が行われ、昭和4年（1929）から川

田川改修工事は県費負担となった。[16]

こうして明治以降、四国でも、大河川だけでなく、中小河川でも地域住民から行政への河川管理主体の移行が徐々に行われ、行政による河川管理の仕組みが形成されていくことになった。

■ 地域間の調整役としての行政

川をめぐっては昔から先住者優先の考え方や地域間の力関係などにより形成されてきた秩序があったが、行政が河川管理の主体になることにより、費用負担や左右岸の堤防高などについて、行政には地域間の調整役としての役割が重視されるようになってきた。

例えば、明治19年（1886）12月の徳島県臨時県会では、国が行う吉野川の航路改修に合わせて徳島県が行う水害防除の工事の負担について論議が行われた。澤田健吉「吉野川の歴史（その5）」[17]によると、総工費22万4千円余から砂防費と第十堰修繕費を除いた16万2千円の配分について、県の原案では県6に対して町村4であった。これに対して、藩政期の川除普請の5公5民の慣行を重視する側は折半を、新しい時代に即した新しい制度を望む側は県民全体が等しく負担すべきとして県8に対して町村2を主張し、結果として、県の原案どおりに県6対町村4となったという。

また、明治40年（1907）に始まる吉野川第一期改修についても、徳島県会で議論が行われた。内務大臣から、総工費800万円のうち国庫支出592万5千円を除いた残額207万5千円を徳島県に納入するよう訓令が届いた時に、不均一派の人々は、河川工事の慣例に従って一部は地方税で負担し、残りは地元の現品賦役によるべきだと主張し、均一派の人々はこの際地方税による均一賦課の前例を作るべきだと主張した。県の原案は、地方税負担額の85％を均一に、15％を1等から7等まで賦課割合を変えて関係町村に追加賦課するものであった。最終的には県知事の判断で、原案どおりとなった。こうして藩政時代に50％であった関係町村の負担割合は、明治19年（1886）には40％になり、明治40年（1907）には15％になり、[18] その分、県で負担する割合が増えた。

同じ徳島県の那賀川改修工事について、徳島県は県費負担分を全額起債で賄うこととし、賦課方式を吉野川改修の例にならって、那賀川の氾濫により

直接被害を受けていた地方には高率の賦課をする不均一賦課方式を昭和4年（1929）12月の県会に提案した。これは、吉野川と同一という根拠で、均一に賦課される額の100分の7を関係11ヵ町村に不均一に増加するというものであった。これに対して、那賀川では狭い範囲内に多額の経費を投じる工事であるため受益者の利益も大きいはずで、賦課率を高くすべきという意見が出されたが、知事は受益面積が吉野川の3分の1にすぎないので、負担能力を考慮して100分の7とするのが妥当であると反論した。那賀川が関係する富岡町（現阿南市）は原案に賛成する一方で、那賀川の氾濫に関係のない阿波町村会は賦課率を100分の15以上にすべきと県に陳情し、結果は妥協策として100分の9に決まった。[19]

河川工事をめぐる受益と負担に関する問題は高知県の物部川でも起こり、事件に発展した。明治19年（1886）9月の洪水で決壊した物部川堤防の修繕工事費調達のため、高知県知事が香美・長岡両郡36ヵ村で香長36ヵ村連合会を組織し、全戸負担を強行しようとしたため、物部川の水利に無関係な16ヵ村の村民が反対運動を展開し、農民数千人が高知県庁や内務省へ不当を訴える請願を行い、香美郡役所を襲撃した。これは、堤防の修繕工事費を、直接被害を受けた町村で負担するのか、被害を受けていない町村を含めて広域で負担するのかをめぐって起こったもので、「物部川堤防事件」と言われる。この事件後、物部川では堤防に関係の深い町村のみによって物部川水害予防組合が設立され、これによって修繕工事が行われることになった。[20]

また、旧来の左右岸の堤防高を改善するために実施した県事業をめぐって、反発が起こり、徳島県が地域間の調整をした例も見受けられる。明治23年（1890）9月、洪水により海部川左岸の川東・川西両村（現海陽町）で浸水家屋175戸、冠水田畑256町歩という被害が出た。これは、海部川右岸の奥浦村（現海陽町）民が悲願としていた奥浦大堤防の建設が県営事業として施工され、完成した直後のことであり、かねて奥浦大堤防が対岸に水害を招くことを心配していた川東村の人々の予想が当たることとなった。川東村長と川西村長は徳島県知事に対して奥浦大堤防の撤去を要請し、県が内務省の鑑定を受けた結果、堤防の撤去勧告が出された。しかし、建設された堤防の撤去を奥浦村民側が承知せず、県会も県による堤防撤去案を否決した。結局、内務

大臣の訓令を受けた県知事が、内務大臣の指揮権を盾に、否決された予算を復活し、明治25年（1892）春に奥浦大堤防は132間のうち35間だけを残して、他は水越堤に変更された。なお、明治25年（1892）7月には保瀬切れによる災害が発生したが、この水越堤があったために奥浦の市街は洪水の直撃を免れることができた。[21]

一方、行政が河川管理の主体になることにより、かつては放置されていた左右岸の堤防高の差が解消されるようになった例もある。徳島県阿南市の那賀川右岸の岡川の分派口にガマン堰という越流堤があった。この堤は、明治2年（1869）につくられたもので、那賀川の洪水から、左岸の羽ノ浦町（現阿南市羽ノ浦町）の商工業地域を守るとともに、岡川付近の家や農地を守るため、小洪水は断ち、大洪水の時には一部を越流させる低い堤防であった。このため、大洪水の時には、堰を越えた洪水が岡川から溢れ、家や田畑を押し流すこともあり、その度に、地元の人は「ガマン、ガマン」と慰め、励まし合って復旧に汗したことから、「ガマン堰」と呼ばれるようになったと言われていた。このガマン堰は、那賀川の直轄改修工事により、昭和18年（1943）に締め切られ、現在の堤防となっている。[22]

このように行政が河川管理の主体になり、広域的に対応するようになるにつれて、行政には地域間の調整役としての役割が期待されるようになってきた。

③昭和戦後期
■行政による河川整備

四国で戦前に国による直轄事業が開始されたのは、前述のとおり吉野川、那賀川、渡川（四万十川）であり、続いて昭和19年（1944）に肱川、昭和20年（1945）に重信川、昭和21年（1946）に物部川、昭和23年（1948）に仁淀川で直轄事業が開始された。土器川は昭和25年（1950）から香川県により改修事業が行われ、昭和43年（1968）の一級河川指定により直轄事業が行われることになった。この結果、四国では現在8水系が一級河川に指定され、国による直轄管理が行われている（図2-1）。

吉野川を例に、国の直轄管理による治水計画規模の拡大と、水系一貫主義

図2-1 四国の一級水系

の導入に伴う河川管理の広域化の動きについて見ることにする（表2-3）。

　昭和20年（1945）9月の枕崎台風で、吉野川では計画高水流量（岩津13,900m^3/s）を上回る増水を記録したため、昭和24年（1949）から計画高水流量を15,000m^3/s（岩津）に改定して堤防強化等を目的とした第二期改修事業が行われたが、昭和29年（1954）9月の台風により計画高水流量に匹敵する洪水が発生したため、治水計画の抜本的な見直しが求められた。このため、昭和38年（1963）に流量確率の考え方と早明浦ダム・柳瀬ダムによる洪水調節を取り入れた改修総体計画が策定された。改修総体計画の治水安全度は1/80で、岩津地点の基本高水ピーク流量17,500m^3/s、計画高水流量15,000m^3/sとされた。その後、昭和39年（1964）の新河川法の制定に伴い、昭和40年（1965）に改修総体計画を踏襲した工事実施基本計画が策定され、昭和43年（1968）には流量配分が一部修正された。昭和57年（1982）には工事実施基本計画の全面改定が行われ、治水安全度は岩津上流で1/100、岩津下流で1/150で、岩津地点の基本高水ピーク流量24,000m^3/s、計画高水流量18,000m^3/sとされた。治水計画規模を決める際の既往最大主義から超過確率主義への転換により、吉野川の計画高水流量は岩津で昭和20年（1945）当時の13,900m^3/sから、昭和24年（1949）には15,000m^3/s、昭和57年（1982）には18,000m^3/sへと拡

表2-3 吉野川の計画の変遷

年度	計画	概要	治水安全度
明治40年	第一期改修計画 ※当初計画では計画流量を本川と別宮川に分派する計画であったが、後に全量を別宮川に流す計画に変更	別宮川の川幅を拡大して吉野川本流とする放水路工事で、昭和2年に竣工。岩津下流の堤防が概成。 計画高水流量：13,900m³/s（岩津）	明治30年9月洪水 (13,900m³/s)
昭和24年	第二期改修計画 ※昭和28年に部分改定し、吉野川改修全体計画とした	既設堤防の改築および池田～岩津間の改修による流量増を上流ダム群で対処する。 計画高水流量：15,000m³/s（岩津）	昭和20年9月洪水 (14,700m³/s)
昭和38年	改修総体計画	流量確率の考え方とダムによる洪水調整を取り入れるとともに、内水排除地区が追加された。 基本高水ピーク流量：17,500m³/s（岩津） 計画高水流量：15,000m³/s（岩津）	1/80 (基本高水は昭和29年9月型)
昭和40年	工事実施基本計画 （昭和43年に流量配分を一部修正）	改修総体計画を踏襲し、早明浦ダムの建設が位置づけられた。 基本高水ピーク流量：17,500m³/s（岩津） 計画高水流量：15,000m³/s（岩津）	同上
昭和57年	工事実施基本計画（改定）	治水安全度の見直し等により工事実施基本計画の全面改定が行われた。 基本高水ピーク流量：24,000m³/s（岩津） 計画高水流量：18,000m³/s（岩津）	岩津上流：1/100 (昭和49年9月型) 岩津下流：1/150 (昭和36年9月型)

資料：国土交通省河川局「吉野川水系河川整備基本方針」（平成17年）より作成

大してきた。

　一方、昭和39年（1964）の新河川法の制定により、上流から下流まで一体的に管理する水系一貫主義の考え方が定まり、流域の都市化・工業化に対応するため、利水面では昭和41年（1966）に吉野川水系が水資源開発水系に指定され、昭和42年（1967）に水資源開発計画が策定された。吉野川総合開発計画は、早明浦ダム建設を中核とし、池田ダム、旧吉野川・今切川河口堰、香川用水、新宮ダム、富郷ダム、高知分水の各事業からなるもので、昭和47年（1972）には今切川河口堰が完成、昭和50年（1975）には旧吉野川河口堰、早明浦ダム、池田ダム、新宮ダムが完成、香川用水事業が竣工し、昭和53年（1978）には高知分水事業が竣工、平成12年（2000）に富郷ダムが完成するなどして、吉野川水系の洪水調節、四国4県への農業用水、水道用水、工業

用水の供給及び発電等が行われている。

■住民による行政への訴訟

　昭和40年代以降になると、四国各地でも、水害や土砂災害をめぐり、地域住民による行政に対する訴訟が起こるようになってきた。

　昭和46年（1971）の台風23号により発生した徳島県鷲敷町（現那賀町）の水害について、水害の原因が長安口ダム操作の過失であると主張する被災者が昭和50年（1975）に国と徳島県を相手に民事訴訟を起こした。昭和63年（1988）、徳島地裁はダム管理の過失を認定し、住民側勝訴の判決を言い渡した。しかし、国と県が控訴し、平成6年（1994）に高松高裁は住民側敗訴の判決を言い渡した。住民側は最高裁に上告したが、平成10年（1998）に上告が棄却された。[23]

　また、昭和47年（1972）9月、台風20号の集中豪雨により、高知市の国分川の布師田橋上流の左岸堤防が決壊した。昭和45年（1970）に引き続き被害を受けた大津食品工業団地では、加盟23業者が昭和47年（1972）11月に、県の抜本的な防災対策と損害賠償を求めて高知地裁に集団訴訟を起こした。翌48年（1973）、県との間で和解が成立した。[24]

　昭和50年（1975）の台風5号及び昭和51年（1976）の台風17号により、2年連続の水害を受け、昭和52年（1977）に被災した高知市民729人は鏡ダムや鏡川、神田川の設置管理について国と高知県を相手に損害賠償訴訟を起こした。高知地裁は和解を勧告し、昭和53年（1978）に和解した。[25]

　また、昭和47年（1972）7月の集中豪雨により発生した高知県土佐山田町（現香美市）の繁藤災害について、遺族3家族が国、高知県、土佐山田町を相手に損害賠償請求の訴えを高知地裁に起こした。昭和57年（1982）の地裁判決では原告勝訴の判決となった。その中で、山崩れが行政の怠慢による不作為の結果だという判断は避けたが、災害現場での対応について、建設業者が2次崩壊の危険性を察知して避難したのに対して、消防団員は適切な状況判断をせずに避難誘導を怠り人的被害を大きくしたと過失を認めた。被告側は控訴し、昭和63年（1988）の控訴審判決では逆転して原告敗訴となった。原告が上告して最高裁で審理が行われたが、平成3年（1991）に和解した。[26]

明治以降、地域の住民から河川管理を委ねられるようになった行政は、治水・利水の両面で地域住民の生活の向上に貢献するとともに、地域間の調整役としての役割も果たしてきたが、昭和40年代以降は住民により訴訟の対象にされるようになってきた。

④平成時代

昭和63年（1988）の長良川河口堰本体工事の着工以降、公共事業批判や環境問題への関心の高まりの中で、長良川河口堰をめぐる行政と「市民」の対立は全国的な問題となったため、その影響を受けて、ダム・堰建設事業などの大規模な河川事業が世論から注目されるようになった。四国では吉野川第十堰改築事業、細川内ダム建設事業、山鳥坂ダム建設事業に関心が集まった。このうち、吉野川第十堰改築事業と細川内ダム建設事業は、建設省によって平成7年（1995）にダム等事業審議委員会の設置対象となった。

吉野川の第十堰改築事業については、平成7年（1995）9月に審議委員会が設置され、同年10月の第1回委員会から2年9ヵ月が経過した平成10年（1998）7月の第14回委員会で委員会の意見がとりまとめられ、四国地方建設局長に事業を実施することが妥当であるとの意見が提出された。これに対して、市民団体等からは審議委員の人選や審議の方法等に対する疑問が出され、紆余曲折の結果、平成12年（2000）1月に第十堰の下流域に位置する徳島市で「吉野川可動堰建設計画の賛否を問う住民投票」が行われ、その結果、9割が反対するという数字が示された。一方、那賀川の細川内ダム建設事業については、ダム建設予定地の木頭村長が審議委員会委員への就任要請を拒否するなどして審議委員会が設置されず、平成10年（1998）4月に一時休止となった。

かつて長良川河口堰問題が全国のダム・堰建設に大きな影響を及ぼしたように、吉野川第十堰をめぐる問題は全国の公共事業に大きな影響を及ぼすこととなり、平成12年（2000）8月に与党3党が公共事業の抜本的見直しに合意した。この中で、四国では、那賀川の細川内ダム建設事業が中止勧告、吉野川の第十堰改築事業が白紙撤回、肱川の山鳥坂ダム建設事業は見直し対象となった。これを受けて、四国地方建設局は、平成12年（2000）11月に細川内ダム建設の中止を発表し、第十堰改築事業については白紙撤回となり、山鳥

坂ダム建設については事業継続が妥当、ただし見直しは必要との結論を出した。

　建設省（国土交通省）は、それまで以上に地域住民との合意を重視して河川事業を進めるようになり、河川整備計画策定にあたってもその姿勢が貫かれた。

　山鳥坂ダム基本計画については、流域の人々や自治体の意見・要望を受けて、平成13年（2001）には見直し案、翌14年（2002）には再構築計画案（第一次案）、再構築計画案へと変わっていった。つまり、中予分水に反対していた地域の人々の要請を踏まえて、四国地方整備局が平成13年（2001）に肱川最優先の計画とする「見直し案」を提示して関係者の動向を見極め、平成14年（2002）には中予分水事業を除外した「再構築計画案（第一次案）」を提示し、さらに地元の意見を入れて「再構築計画案」により地域の人々の理解を得たのである。また、河川法に基づく河川整備計画策定にあたっては、平成15年（2003）10月の肱川水系河川整備基本方針策定後に、肱川流域委員会を設置するとともに、意見交換会、公聴会などさまざまな手法を用いて、幅広く流域の人々の意見を聴取し、これらの意見等を集約して、計画への反映を図り、平成16年（2004）5月に肱川水系河川整備計画が策定された。なお、平成21年（2009）に民主党政権下で山鳥坂ダム建設事業は凍結されたが、平成25年（2013）1月に事業凍結が解除され、建設継続が決まった。

　那賀川では、細川内ダム計画が中止になった後、将来の河川整備の方向性等を流域住民の立場で考えるために平成14年（2002）3月に「那賀川流域フォーラム2030」が発足し、議論を重ね、平成16年（2004）10月に那賀川の河川整備の方向性を示す「那賀川流域フォーラム2030提言」がとりまとめられた。この提言も踏まえて、平成18年（2006）4月に那賀川水系河川整備基本方針が策定された。この基本方針に基づき、同年11月には那賀川水系河川整備計画【素案】が公表され、学識経験者、流域住民、流域市町長の意見聴取が行われた。これらの意見をもとに、平成19年（2007）2月には那賀川水系河川整備計画【修正素案】が公表され、再び学識経験者、流域住民、流域市町長の意見聴取が行われるなどして、同年6月に那賀川水系河川整備計画が策定された。

吉野川では、平成13年（2001）3月の「明日の吉野川と市民参加のあり方を考える懇談会」の最終提言を踏まえて、よりよい吉野川づくりをめざして、流域住民と行政が相互に信頼関係を築くため、「吉野川流域講座」、「吉野川現地（フィールド）講座」等の取り組みが進められた。しかし、第十堰のあり方について、流域住民の間にさまざまな意見があり、「検討の場」づくりが実現できなかった。このため、国土交通省は平成16年（2004）4月に「『よりよい吉野川づくり』に向けて」を発表し、よりよい吉野川づくりを早期に実現するために、吉野川河川整備計画を「吉野川の河川整備（直轄管理区間）」（但し、抜本的な第十堰の対策のあり方を除く）と「抜本的な第十堰の対策のあり方」の2つに分けて検討し、河川整備計画を早期に策定することとした。こうして平成17年（2005）11月に吉野川水系河川整備計画基本方針が策定され、平成21年（2009）8月に抜本的な第十堰の対策のあり方を除いた吉野川の河川整備計画が策定された。なお、「抜本的な第十堰の対策のあり方」については、今後、調査検討を進めることとした。

2. 道をめぐる住民と行政

2-1 道への住民の関わりと行政による道路整備

　道づくりへの住民と行政の関わりについての全国的な動向を、江戸時代まで、明治〜昭和戦前期、昭和戦後期、平成時代に時期区分して見ることにする。

①江戸時代まで―住民が道づくりに関与―
　昔から、人が行き来する所に道が形成されてきた。道を切り拓き、道を維持するためには人の手を入れる必要がある。今日のおおよその国道網は、参勤交代や宿駅伝馬が制度化されていた江戸時代に形づくられたと言われるが、その道づくりには地域の住民が関わっていた。地域の住民は、藩命により道

の補修や管理のためにかり出されたり、自ら主体的に新たな道を開さくしたり、道標や常夜灯を設置するなどしていた。そして、住民が自ら切り拓き、維持管理してきた道は、地域の人々によって大切にされてきた。

　地域の住民が道づくりに関わりを持っていた背景には、1）今日のように道路整備に関わる行政組織や制度が整っておらず、地域の住民が対応せざるを得なかったこと、2）道づくりにより人やものの往来が増えることによって、道の結節点にまちが形成される、商業活動が活発になる、各地の産品や情報がもたらされるなど地域に利益がもたらされたこと、3）道を通行するのが主に人や籠、馬などであり、馬車や自動車などが通行するために必要な道づくりのための莫大な資金や高い技術水準が要求されなかったことなどがあげられる。

②明治〜昭和戦前期―国による道路整備の準備―

　明治維新後、国は統一的な国家をつくるため、道路に関する関与を強めてきた。明治6年（1873）の河港道路修築規則により、道路に等級が設定され、東海道、中山道、陸羽道等の全国の大経脈は一等道路、それに接続する脇往還、枝道等は二等道路、村市の経路等は三等道路となり、費用負担は一等・二等道路は官6分・地民4分、三等道路は地民とされた。

　明治9年（1876）には道路の等級が廃止され、国道・県道・里道が定められ、それぞれ一等、二等、三等に区分された。国道では、一等は東京より各開港場に達するもの、二等は東京より伊勢の宗廟及び各府各鎮台に達するもの、三等は東京より各府県に達するもの及び各府各鎮台に連絡するものとされ、国道は東京や軍事施設との接続が重視されていることが分かる。

　明治18年（1885）には内務省が道路の等級を廃止し、国道表を定め、幅員を7間とした。ここで初めて国道44路線が確定し、これに明治20年（1887）には東京より鎮守府に達する道路と鎮守府から鎮台に達する道路を編入することが決められ、明治44年（1911）までに16路線が追加されて、国道は60路線となった（表2-4）。[27]

　大正8年（1919）に制定された道路法に基づき、第一次道路改良計画がつくられた。これは大正9年（1920）から30年間で国道、軍事国道、指定府県道、

表2-4 国道表（明治44年末）

第1号	東京より横浜に達する路線	第31号	同　　　愛媛県に達する路線
第2号	同　　　大阪港に達する路線	第32号	同　　　高知県に達する路線
第3号	同　　　神戸港に達する路線	第33号	同　　　高知県に達する別路線 （徳島県海岸通過）
第4号	同　　　長崎港に達する路線	第34号	同　　　福岡県に達する路線
第5号	同　　　新潟港に達する路線	第35号	同　　　大分県に達する路線
第6号	同　　　函館港に達する路線	第36号	同　　　宮崎県に達する路線
第7号	同　　　神戸港に達する別路線 （中山道通過）	第37号	同　　　鹿児島県に達する路線
第8号	同　　　新潟港に達する路線 （清水越道）	第38号	同　　　鹿児島県に達する別路線 （日向大隅道）
第9号	同　　　伊勢宗廟に達する路線	第39号	同　　　山形県に達する路線
第10号	同　　　名古屋鎮台に達する路線	第40号	同　　　秋田県に達する路線
第11号	同　　　熊本鎮台に達する路線	第41号	同　　　青森県に達する路線 （羽州街道通過）
第12号	同　　　群馬県に達する路線	第42号	同　　　札幌県に達する路線 （後北海道庁に達する路線に改む）
第13号	同　　　千葉県に達する路線		
第14号	同　　　茨城県に達する路線	第43号	同　　　根室県に達する路線 （後第七師団に達する路線に改む）
第15号	同　　　宮城県に達する路線 （陸前浜街道）		
第16号	同　　　山梨県に達する路線	第44号	同　　　沖縄県に達する路線
第17号	同　　　岐阜県に達する路線	第45号	同　　　横須賀鎮守府に達する路線
第18号	同　　　福井県に達する路線	第46号	同　　　呉鎮守府に達する路線
第19号	同　　　石川県に達する路線	第47号	同　　　佐世保鎮守府に達する路線
第20号	同　　　富山県に達する路線	第48号	佐世保鎮守府と熊本鎮台とを拘連する路線
第21号（甲）	同　　　富山県に達する別路線 （信濃越後道）	第49号	東京より奈良県に達する路線
		第50号	同　　　香川県に達する路線
第21号（乙）	同　　　富山県に達する別路線 （泊、三日市間山手道）	第51号	同　　　大分県に達する別路線 （伊予道）
第22号	同　　　鳥取県に達する路線		
第23号	同　　　鳥取県に達する別路線 （京都府通過）	第52号	同　　　舞鶴鎮守府に達する路線
		第53号	舞鶴鎮守府と第九師団とを拘連する路線
第24号	同　　　島根県に達する路線	第54号	同　　　第十師団とを拘連する路線
第25号	同　　　島根県に達する別路線 （鳥取県通過）	第55号	東京より第八師団に達する路線
第26号	大阪府と広島鎮台とを拘連する路線	第56号	同　　　第十七師団に達する路線
第27号	東京より山口県に達する路線	第57号	同　　　第十三師団に達する路線
第28号	同　　　山口県に達する別路線 （島根県通過）	第58号	同　　　静岡県に達する別路線 （御殿場道）
第29号	同　　　和歌山県に達する路線	第59号	同　　　第十六師団に達する路線
第30号	同　　　徳島県に達する路線	第60号	同　　　第十四師団に達する路線

資料：日本工業会編「明治工業史　6土木編」より作成

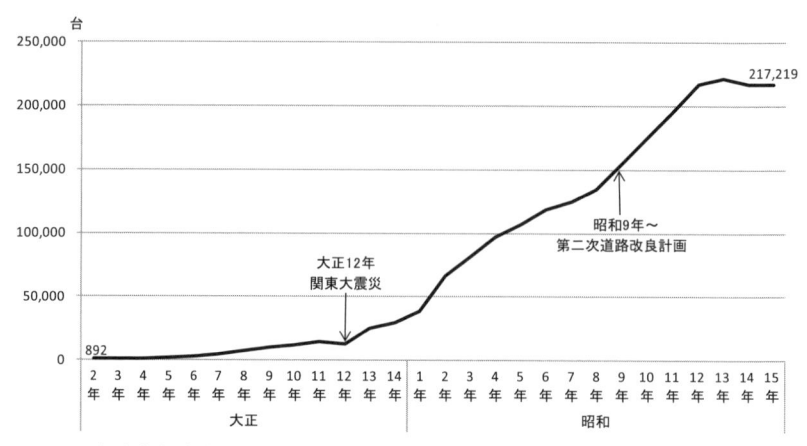

図2-2 自動車保有車両数の推移（大正2年～昭和15年）
資料：国土交通省資料より作成（原資料は運輸故資更生協会の資料）

6大都市の主要街路を改良する計画で、財源は公債発行によるものとし、費用負担については軍事国道は全額国庫負担、国道は2分の1補助、府県道及び街路は3分の1補助とした。しかし、この計画は大正12年（1923）の関東大震災により予算が圧縮され、計画どおりには進まなかった。[28]

　この時点では国道の改良は府県に委ねられていたが、昭和4年（1929）頃からの経済不況により失業者が続出したため、失業救済の実をあげるために、昭和6年（1931）に政府は国道の改良を府県への補助ではなく、国が直轄で行うこととした。ここに国道改良の直轄事業が始まり、第二次道路改良計画（昭和9年度から20年間で国道改良等を行う計画）では国道について直轄主義とし、路面はすべて舗装、鉄道との交差は原則として立体交差する計画とした。この背景には、関東大震災で壊滅的な被害を受けた関東地方の鉄道に代わって自動車が普及してきたため（図2-2）、自動車交通に対応した道路整備が必要になってきたことがあった。しかし、明治から戦前までは陸上の輸送機関として鉄道が重視されていたこともあり、道路の財源不足や政局により計画どおりには進まず、国による本格的な道路整備は戦後まで待たなければならなかった。

③昭和戦後期―国による本格的な道路整備―

　戦後、国と地方自治体の関係が変革されたのを受けて、昭和27年（1952）に道路法が全面改定された。道路が一級国道、二級国道、都道府県道、市町村道の4種類にされるとともに、路線の決定方法を改め、一級国道及び二級国道については従来の主務大臣が認定する方式から法定要件に従って政令で指定する方式とされた。また、道路はすべて国の営造物であるとの旧来の考え方を改め、都道府県道と市町村道はそれぞれの地方自治体の営造物とした。[29]

　道路法の改正に伴い、道路整備のための財源確保や計画に関する制度も整えられた。昭和28年（1953）に「道路整備費の財源等に関する臨時措置法」が成立して揮発油税が道路整備の特定財源になるとともに、昭和29年度（1954）からの第一次道路整備五ヵ年計画が作成された。

　昭和31年（1956）には名神高速道路計画調査のために来日したワトキンス調査団が「日本の道路は信じがたい程悪い。工業国にして、これ程完全にその道路網を無視してきた国は、日本の他にない」と指摘し、現在の道路費は国民総生産の0.7％にすぎないが、国民総生産の2％以上を道路の建設・維持のために投じることを勧告したことを受けて、国による道路整備はさらに推進されることになる。[30]

　第一次道路整備五ヵ年計画は揮発油税収の見込みに基づいて決定されていたが、第二次道路整備五ヵ年計画以降は国の経済計画に基づいて決定されることになった。経済成長とそれに伴う交通量の増大により、第二次計画（昭和33年度～35年度）～第六次計画（昭和45年度～47年度）は3年間で改定された。その後、昭和48年（1973）の第一次オイルショック以降、経済成長が鈍化したこともあり、第七次計画（昭和48年度～52年度）～第十二次計画（平成10年度～14年度）は5年間で改定されることになった。

　こうした道路整備により、昭和27年（1952）から平成24年（2012）にかけて、一般道路の実延長は24,051kmから55,222kmと2.3倍になり、改良済の割合は28.0％から92.1％へ、舗装済の割合は8.8％から91.8％へと、道路の状況は急速に改善されることになったが、このうちのかなりの部分は昭和戦後期に実施された（図2-3）。

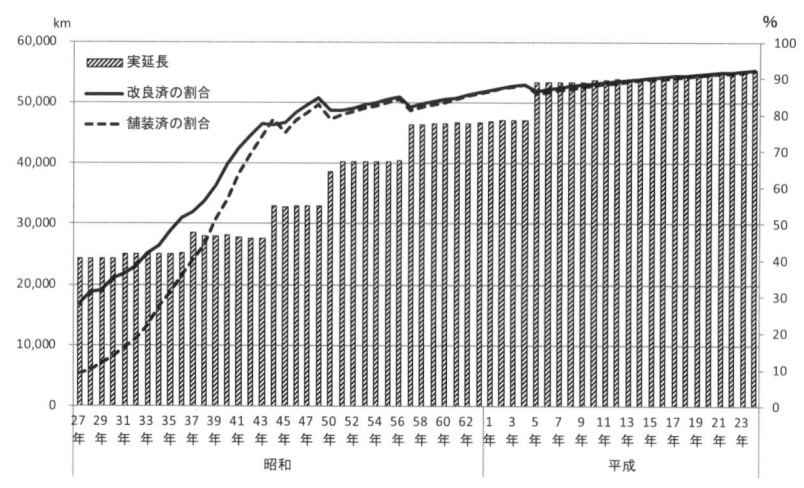

図2-3 一般国道の実延長・改良済の割合・舗装済の割合の推移
　　　（昭和27年～平成24年）

資料：国土交通省「道路統計年報」より作成
注：昭和49年はデータなし

　戦後の道路整備を支えたもう一つの要素として有料道路制度があげられる。一般財源や特定財源だけでは道路需要に対応することができないとの考えのもと、昭和27年（1952）に道路整備特別措置法が制定され、有料道路制度が設けられた。これは借入金で道路整備を行い、供用後に利用者から徴収する通行料金収入によって償還する仕組みである。国が直轄で行ってきた有料道路の建設は、昭和31年（1956）の日本道路公団の設立により、日本道路公団に引き継がれ、その後、首都高速道路公団、阪神高速道路公団、本州四国連絡橋公団も設立されることになった。

　昭和32年（1957）に将来の国土の開発を目的として国土開発縦貫自動車道建設法が制定され、これが昭和41年（1966）には国土開発幹線自動車道建設法へと名称変更されたが、この時に対象路線は7路線3,000kmから32路線7,600kmへと拡大された。さらに、昭和62年（1987）に策定された第四次全国総合開発計画では、高規格幹線道路網14,000km（国土開発幹線自動車道11,520km、一般国道の自動車専用道路2,480km）の構想が示された。ここでの幹線道路整備の考え方は、大都市圏だけではなく、地方を含めて国土の開

発を目的としたものであった。

④平成時代──道路整備への批判──

　平成に入ってから、バブル経済の崩壊、リゾート開発の破綻、国・地方自治体の財政逼迫、政官財の利権構造、自然環境への関心の高まりなどを背景に、大規模な公共事業や開発行政への批判がなされ、特に地方の道路整備は不要との世論が高まった。

　平成13年（2001）に発足した小泉内閣は、郵政民営化とともに、財政投融資を通じて入口と出口の関係にある道路公団民営化に着手した。平成13年（2001）12月に閣議決定された「特殊法人等整理合理化計画」で道路関係四公団は廃止することとされ、平成14年（2002）6月に設置された道路関係四公団民営化推進委員会で民営化の形態が検討された。民営化推進委員会より同年12月に委員会の意見書が提出されたのを受けて、国土交通省と四公団で道路公団民営化の検討が行われ、平成15年（2003）12月に政府・与党申し合わせ「道路関係四公団民営化の基本的枠組み」を経て、平成16年（2004）に道路関係四公団民営化関係四法が成立し、平成17年（2005）に道路関係四公団は分割・民営化された。

　また、道路特定財源の見直しについては、小泉内閣では実現せず、その後に引き継がれることになったが、平成19年（2007）に政府・与党が「真に必要な道路はつくる」という方針を打ち出し、道路の中期計画の事業量を59兆円を上回らないこととしたところ、野党やマスコミなどから無駄を省け、効率を重視せよとの批判を受けることになり、結局、平成21年度（2009）より道路特定財源はすべて一般財源化されることになった。

　平成21年（2009）の民主党政権の誕生により、「コンクリートから人へ」のスローガンのもと、公共投資はさらに削減され、費用対効果がますます重視され、人口や交通需要が少ない地方での道路整備は抑制されることになった。その後、平成23年（2011）の東日本大震災以降、防災や安全・安心の視点が重視されるようになり、例えば、震災前には費用対効果が強調されて地方の無駄な道路はつくらないと言われていたが、震災後には三陸沿岸道路（八戸市～仙台市359km）の未着手区間の新規事業化が決定し、おおむね10年程

度で全線開通する計画となっている。さらに、国土強靱化計画等により、これまでのように費用対効果が強調される考え方に少し変化が表れつつある。

2-2 紀伊半島の道づくりにおける住民と行政

　紀伊半島の幹線道路を対象に、紀伊半島の道づくりに地域住民と行政がどのように関わってきたのかについて、三重県・奈良県・和歌山県の郷土史、道路史などをもとに見ることにする。なお、ここでいう紀伊半島とは、おおむね紀伊半島を東西に通る中央構造線以南の地域を指す。

①江戸時代

　紀伊半島を東西に、伊勢と和歌山を結ぶ道がある。この道を、和歌山県及び奈良県側では主に伊勢街道、大和街道と呼び、三重県側では主に和歌山街道と呼んできた。以下では、この道を「伊勢・和歌山街道」と呼び、この道を中心に紀伊半島の道づくりを考察することにする（図2-4）。

　「伊勢・和歌山街道」はもともと大和と伊勢を結ぶ「産業の道」、「交易の道」、「生活の道」のほか、伊勢参宮や山上山参り、高野詣で、西国三十三ヵ所遍路などの「巡礼の道」としても使われてきたが、頻繁に使われ始めたのは、

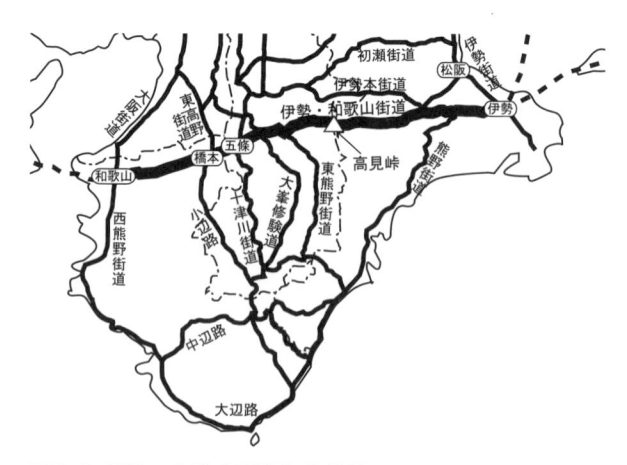

図2-4　伊勢・和歌山街道と高見峠

元和5年（1619）徳川頼宣が紀州55万5千石の藩主となり、和歌山本城と松阪・白子・田丸の領地を結ぶ「藩道」として整備し始めてからである。さらに、寛永12年（1635）からは参勤交代が始まり、延享2年（1745）までの110年間、「伊勢・和歌山街道」は「参勤交代の道」として使われるようになった。その後、大阪回りの上方街道（大阪街道）が参勤交代の道として使われるようになったが、「伊勢・和歌山街道」が参勤交代に使われなくなったのは、三重県と奈良県の県境となる高見峠などの道が険しいことと、参勤交代が年々派手になり、行列の人数が増えるのに対して、沿道の宿場が小さいことや人手不足により対応しきれなくなったためであると言われている。[31]

高見峠越えは神武天皇東征の道として古くから開けていたが、道は険しく、藩道として整備されるまでは踏み分け道程度にすぎなかったと言われている。この高見峠を開さくしたのは松阪郊外に住んでいた山田弥兵衛で、独力で開さくしたそうである。田辺藩士がその出来栄えを検分したところ、見事であったので、藩主頼宣候より感賞の黒印を賜ったとの記録が残されている。[32]

また、文化元年（1804）、元和歌山藩主重倫が参宮のため「伊勢・和歌山街道」を通行するというので、五條代官所は沿道の村々に対して道や橋を修繕することを命じ、奈良県鷲家村（現東吉野村）から三重県波瀬村（現松阪市飯高町）への険路に約千人の御用人足がかり出されたとの記録もある。[33]

参勤交代の道として使われるようになってからは、藩命により地元住民が参勤交代時に道の整備や補修にかり出されるだけではなく、住民が主体的に道の整備や道標の修繕などに取り組んできた記録も残されている。例えば、五條市には高さ2m半もある大きな道標（写真2-4）があり、

（東面に）左　かうや　わか山　四國　　　　　　　くまの道

写真2-4 文化2年（1805）建立の道標（奈良県五條市本陣）

（南面に）右　いせ　はせなら　大峯山上　よしの道
（西面に）天下太平国土安泰　日月清明五穀成就
（北面に）文化二年乙卯春正月　紙屋又市老人が、旅客が道に迷わないように親族知人と金を出し合って之を建てた、という趣旨のことが書かれている。

　主体的にせよ、半ば強制的にせよ、地元住民自らが切り開き、維持管理する道は、地元住民によって大切にされてきた。江戸時代の「伊勢・和歌山街道」には、地元住民が「道を育てる」風土があったものと考えられる。

　地域住民が道を大切にしたのは、道を利用する人々が安全に安心して通ることができるようにしたいと願うおもてなしの心のほかに、人やものの行き来が増えることにより、地域が発展し、自分たちの利益にもつながるという思いもあったと考えられる。実際に、「伊勢・和歌山街道」沿いには伊勢神宮、吉野山、高野山など数多くの魅力的な資源があるため、沿道には旅人のための宿場ができ、交通の要所には商店、芝居小屋、問屋、物資の取次所などが開かれてまちが形成されていった。まちには、街道を通じて各地から新たな人やもの、情報がもたらされ、地域で融合されることによって、新たな文化が醸成されてきた。

　このため、地域の人々は、「伊勢・和歌山街道」に各地から人を呼び込むための仕掛けを行った。その代表は、全国を回り、地域の魅力を説いて回った御師や高野聖などである。伊勢の御師や高野聖は御祓や暦などの土産物を全国の檀家に配るとともに、宣伝活動を行い、伊勢講や神明講、高野講という組織を全国各地につくった。宝永2年（1705）には、閏4月9日から5月29日までの50日間に362万人が参宮したと、本居宣長の「玉勝間」などに記されている。当時の日本の人口が3千万人だとすると、単純に考えてこの50日という短期間に日本人のほぼ8人に1人が伊勢を訪れたことになる。60年周期で行われたおかげ参りのブームや高野山奥の院に見られる日本一の墓石群は、御師や高野聖などの交流の仕掛け人によってもたらされたものと言える。

　江戸時代には、道が地域を活気づけてまちを形成し、まちの形成が人の流れを活発にし、人の流れがまた道をつくるというように、道づくりとまちづくりと人の交わりが密接に関連し、その中で「道が文化を育み、文化が道をつくる」という道と地域の文化との関わりがあったと考えられる。

②明治～昭和戦前期

　明治9年（1876）の太政官達により国道、県道、里道が定められ、紀伊半島では大阪街道（現在の国道26号）が国道とされたが、その他の現在国道となっている幹線道路は道路の調査が未了のため、正式の県道としては決定されずに仮定（仮称）県道とされた。

　三重県では、明治14年（1881）に従来道路の修築費を国、県、町村等で負担していたものを、仮称県道以上の道路については、町村等の負担分を地方税で支弁することとした。しかし、明治14年（1881）に府県土木費に対する国庫補助が廃止されることになり、明治16年（1883）には仮称県道以上の道路の工事費について、軽微の工事費は町村負担とし、それ以上の工事費については県費を支出する原則を定めている。[34] このように、各県ごとに従来の慣習から新しい制度への切り替えが行われてきたが、明治政府は道路よりも鉄道に力を入れており、道路法が制定される大正8年（1919）以前の時代には、道路の管理は「統一した法規がなく、ただ断片的な規定と慣習によって行われてきた」[35] というのが実態を表しているように考えられる。

　明治政府は鉄道投資に力を入れたため、紀伊半島周辺でも鉄道の敷設が盛んに行われるようになり、人々は「鉄道さえあれば道路はそれほど必要なものではないという、鉄道万能の考え方を強くもつようになっていた」[36] と指摘されるほどであった。このため、高見峠を越えて三重県と奈良県を東西に結ぶ伊勢・和歌山街道では、明治31年（1898）に参宮鉄道と関西鉄道の全線が開通したことにより、険難の高見峠を通る人が激減し、かつて賑わいを見せた伊勢・和歌山街道も一挙に昔日の面影はなくなり、峠人夫や沿道の商人等の失業が続出して、街道が著しくさびれていった。[37]

　しかし、街道が廃れていくのを地域の人々は坐して待っていたわけではなかった。「伊勢・和歌山街道」の荒廃が地域の衰退につながることを懸念する人々は、自ら労力、資金や土地を提供したり、県に道路整備を働きかけるなどしてきた。例えば、明治13年（1880）、奈良県の宇智・吉野郡長が伊勢街道の改修を発議したものの、莫大な工費のため実施することができなかったが、明治17年（1884）に土倉庄三郎や大北作次郎らが巨額の費用を義捐し、地方税補助を請求した上で着工にこぎ着け、明治18年（1885）に改修の目的

を実現したという記録が残されている。[38] また、三重県の松阪商人・小野高秋は「飯高郡開さく事業趣意書」(明治18年) の中で、衰退しつつある松阪のまちを復興させるためには、大口港の改良、堀河事業 (松阪駅と大口港を結ぶ運河) による水運の便と、街道上の辻原村、六呂木村、粥見村の諸険坂を抜くことが必要であると、和歌山街道の改修の必要性を力説している。[39] さらに、三重県飯高町 (現松阪市) の波瀬の人々は高見峠を改修するための計画を立て、明治42年 (1909) にその費用300円全額を奈良県吉野郡高見村 (現東吉野村) より寄付を受け、測量を行うことにしたという記録が残されている。[40] 実際には計画は実現しなかったものの、県境を越えて他県の村の道づくりにも寄付をしていたということは高見峠越えの道路改修がいかに切望されていたかを物語るものと言える。

紀伊半島では、「伊勢・和歌山街道」以外の街道でも、地域の人々が道路整備に自ら取り組んだ。例えば、和歌山県の熊野街道では、明治15年 (1882)、南塩屋 (現御坊市) から印南に至る2里余の改修工事を行ったが、この工事の施工にあたっては、南塩屋、野島、上野、楠井、津井、印南の村人が特別に協力し、道路用地を提供したり、総工費2,055円余のうち631円余を印南を除く5ヵ村民が寄付した。また、明治17年 (1884) に印南浦、西ノ地、嶋田、西岩代、東岩代、山内の6ヵ村 (現印南町及びみなべ町) 内の約3里の改良については地方税で経費を負担したが、沿道村は人夫を提供し、土地を寄付するなど全面的な協力を惜しまなかった。[41]

また、和歌山県では、明治45年 (1912) に施行した「道路ニ関スル経費支弁並補助規則」によって、2分の1以上の地元寄付があった場合には、里道の改修は県が施行したり、大正2年 (1913) には修路団道路小破修工規程を制定し、県費支弁里道の維持修繕を修路団 (道路の小破修工を行う青年会、軍人会など地域の人々の集団) に委託するなどした。[42]

このように道路法が制定されるまでは、道路整備に関する制度が整わず、財源が不足していたこともあり、県だけでは道路整備を行うことができず、地域住民の労力や資金が投入されて小規模に道路の改良が行われていた。

大正9年 (1920) に道路法が施行されて、道路管理のための制度が整備されることになった。和歌山県では、大正9年 (1920) から3ヵ年継続で県下の

道路調査を行った結果、道路改修工事概算額が2,000万円にのぼった。大正11年度（1922）の和歌山県の予算総額が458万円余であったことから、全面改修は不可能な状態であったため、必要に応じて緊急事業と継続事業に区分し、一般県道などの改修工事は継続工事で実施せざるを得なかった。国道の少ない和歌山県では県道改修費に膨大な経費が必要になり、大正14年（1925）の県会では県道改修費国庫補助に関する建議を可決した。この建議には「我和歌山県ヲ見タトキニ、面積三百方里ニ余マル本県ガ国道僅ニ五里ニ満タズ、而モ其ノ県道ガ現在三百六十余里ニ亘リ」、「夫レ道路成ラズンバ産業起ラズ産業起ラズンバ国家ハ衰亡ノ一事アルノミ、我和歌山県ハ南海ノ要区ヲ占メ海陸ノ産物豊富ヲ以テ聞ユルモ奈何セン道路未ダ成ラズ、常ニ多大ノ県費ヲ投シ改修ニ急キツツアリト雖モ財政限リアリ民力困憊シ恰モ瘦セタル馬ニ重キ荷ヲ負ハシメタルノ観アリ、茲ニ於テ我等ハ他府県ヲ顧ミサル能ハズ彼等ニハ多クノ国道アリ之ガ改修ニ当リテハ国費又ハ国費ノ補助ヲ受ケ坐シナガラニシテ産業立国ノ大機関タル道路ノ完成ヲ遂行シツツアルナリ」として、和歌山県の県道改修への国庫補助を付与することの重要性を説いている。[43]

高見峠越えの「伊勢・和歌山街道」は、奈良県では大正9年（1920）に県道上市松阪線に認定されたが、高見峠の一部が未改修のため、自動車交通は不可能であった。このことが昭和5年（1930）の奈良県会で問題となり、県会が県知事に対して、三重・奈良両県の連絡及び産業開発の視点から、県境に達する道路の改修を建議した。この道路の改修は、昭和8年（1933）に三重県側と協定を結び、3ヵ年継続事業として着工したが、間もなく戦時下になり、工事は中止された。[44]

この時期は、行政による道路整備のための諸制度が整えられる過渡期にあたる。財源が伴わないこともあり、道路整備が進まない時には地域住民が道づくりに関わり、労力、土地、資金を提供する様子も見られたが、行政による道路整備のための諸制度が整えられるにつれて、「道づくりは役所の仕事である」、あるいは地元には「政府からの補助金をもらってやるものだ」という意識が強まっていったものと考えられる。また、これまでの「人が歩く道づくり」から「車が通る道づくり」への移行に伴い、ある程度の技術水準や多額の費用が必要となったため、それまで道づくりに主導的に関わってき

た地元住民が道づくりから離れていくことになった。

③昭和戦後期

　戦後、道路整備のための財源確保や計画策定など国が主導する道路整備の制度が整えられるにつれて、紀伊半島でも道路整備五ヵ年計画や全国総合開発計画などの国の計画に沿って道路整備が進められた。かつての「伊勢・和歌山街道」は戦後、ほぼ国道166号、169号、370号、24号として整備されることになった。

　昭和27年（1952）の道路法改正に伴い、三重県と奈良県にまたがる高見峠越えの道路は二級国道に指定され、国道166号の改修事業は地元からの改修運動を受けて三重県と奈良県によって進められた。しかし、高見峠付近の交通の難所を解消するには県事業としては相当の期間を要したため、三重県飯高町（現松阪市）と奈良県東吉野村における区間（約16km）を国が権限代行で整備することになり、昭和43年度（1968）に事業着手された。[45)] 昭和59年（1984）には高見トンネルが開通したが、東吉野村にある高見トンネル開通記念碑には、「奈良、三重両県にまたがる峻険高見峠の改修は沿線並びに地元住民永年の悲願として昭和八年高見峠改修期成同盟会を結成し促進をはかり今ここに延長二.四七〇米巾員九.二五米の高見トンネルが近代土木技術の粋を集めて完

写真2-5　国道166号高見トンネル
　　　　　（奈良県東吉野村）

写真2-6　高見トンネル開通記念碑
　　　　　（奈良県東吉野村）

工されました。この改修と取り組んで五〇余年今日の日を夢見続けた我我にとつて万感胸に迫り来るものを覚えながら只只言葉を見出し得ません」と記されている（写真2-5、写真2-6）。なお、国道166号の改修が全区間完成したのは平成8年（1996）のことである。

　また、急峻な地形に阻まれて紀伊半島南部地域の道路整備は遅れていたが、戦後、国土総合開発事業によるダム建設に伴い、道路整備が進むことになった。西熊野街道（国道168号）は、昭和28年（1953）に五條市と十津川村南部の折立間が開通したものの、それ以南の新宮市に至るルートは果無山脈の急峻な地形に阻まれて進展していなかったが、昭和34年（1959）に二津野ダム建設時に未開通部分が建設されて五條から新宮に至る縦貫路が完成した。東熊野街道（国道169号）は、大迫ダム、池原ダム、七色ダムの建設に伴い整備された。なお、国道42号は、昭和27年（1952）の道路法改正時に二級国道和歌山松阪線となったことから、一級国道への昇格が熱望され、一級国道促進協議会が結成され県民あげて運動した結果、昭和33年（1958）に一級国道に指定され、昭和34年（1959）から全線が国の直轄事業として施行されることになった。[46]

　昭和40年代になると、紀伊半島でも高速道路が整備されるようになった。昭和42年（1967）12月に近畿自動車道和歌山線が国土開発幹線自動車道建設法に基づく予定路線に決定し、このうち大阪府阪南町〜海南市間27.3kmが昭和49年（1974）12月に完成し、紀伊半島に高速時代の幕開けをもたらした。[47]

　昭和44年（1969）の新全国総合開発計画では、第二東西幹線自動車道（東海南海連絡道）構想が示され、三重県、奈良県、和歌山県は共同してその実現を要望し、国に働きかけを行うようになったが、その後オイルショックなどにより要望活動は抑制されることになった。その後、昭和62年（1987）の第四次全国総合開発計画では高規格幹線道路網14,000km構想が示され、紀伊半島では近畿自動車道紀勢線が国土開発幹線自動車道として、京奈和自動車道が一般国道自動車専用道路として追加された。

　この時期には、道路整備のための制度が整備され、財源が確保されて、国主導の道路整備が進められたため、紀伊半島の各地では行政が中心になって

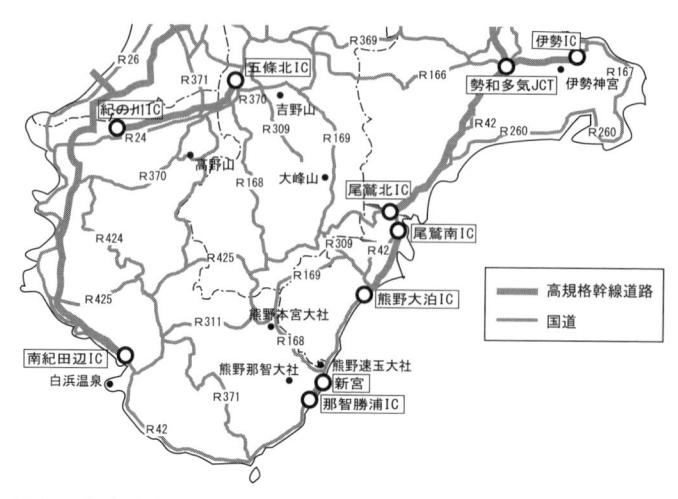

図2-5 紀伊半島の道路状況（平成26年8月）

国道昇格運動や直轄事業の実施要望等の活動が行われた。その過程で国を中心とした道路整備のための仕組みが形成される一方で、道路整備から地域住民が排除され、道路整備と地域づくりの関連は希薄になった。

④平成時代

平成時代に入ると、道路には人やものをできるだけ早く、大量に輸送する機能がますます求められるようになった。かつて「陸の孤島」と言われた紀伊半島でも、近畿自動車道伊勢線が全線開通し、近畿自動車道紀勢線は和歌山県側では府県境～南紀田辺の間で、また三重県側では勢和多気～尾鷲北、尾鷲南～熊野大泊の間で供用している。なお、近畿自動車道紀勢線では南紀田辺～すさみの間及び尾鷲北～紀伊長島の間は新直轄方式で整備が行われている。また、一般国道自動車専用道路の京奈和自動車道でも五條北～紀の川間が供用されている（図2-5）。さらに、平成6年（1994）には国道168号が地域高規格道路・五條新宮道路に指定されて整備が進められている。

このように紀伊半島でも規格の高い道路の整備が進んできたが、全国的には紀伊半島の道路整備は非常に低い水準にある。平成24年（2012）4月の高速自動車国道の実延長を都道府県別に見ると（図2-6）、紀伊半島に関係す

る3県のうち、三重県は167.1kmで全国17位であるが、和歌山県は40位（59.6km）、奈良県は47位（18.2km）である。また、国道及び県道について、車道幅員5.5m以上に改良された道路延長の割合を示す改良率を都道府県別に見ると（図2-7）、三重県は69.5％で全国32位、奈良県は44位（55.6％）、和歌山県は45位（55.2％）である。なお、ここにあげた数字は県全体の数字であり、三重県、奈良県、和歌山県とも、平野部が広がる県北部よりも地形的な条件が厳しい県南部で道路整備が遅れている状況を考慮すると、紀伊半島の道路整備の水準は上記の数字以上に低い。

道路関係四公団民営化や道路特定財源の廃止等をめぐり道路建設への批判が高まり、特に地方の道路は不要であるという世論形成が行われる中にあって、国は採算性が厳しい地方の高速自動車国道の建設において高速道路会社が資金を投入せずに国と地方自治体が負担する新たな直轄方式を採用し、紀伊半島でも上記のとおり近畿自動車道紀勢線の一部区間で新直轄方式による整備が行われた。また、平成19年（2007）

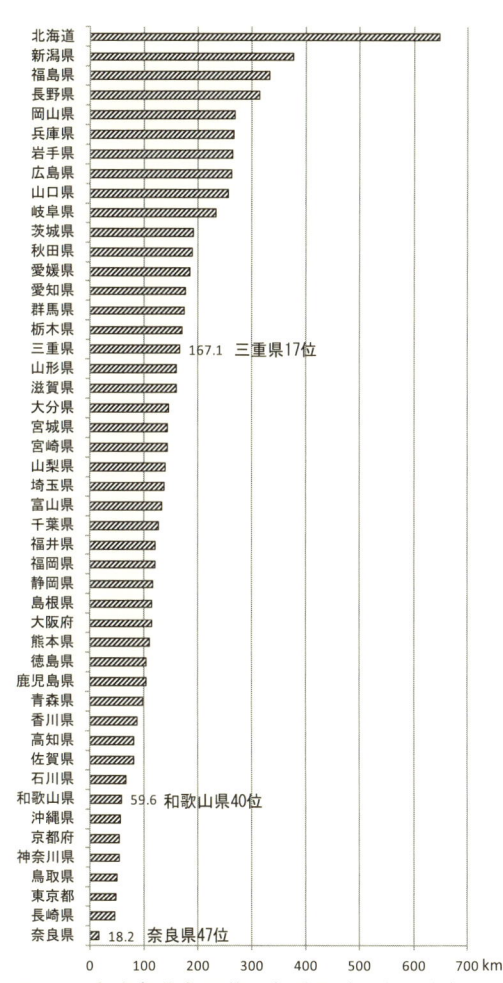

図2-6 高速自動車国道の実延長（平成24年）
資料：国土交通省「道路統計年報」（平成24年4月1日現在）より作成

の道路の中期計画の策定にあたっては、国は地方自治体等の意見を聴くことを通して、紀伊半島の道路整備を進めるための努力をしていた。しかし、紀伊半島は道路整備が遅れているので整備を進める必要があるという理屈では、国民の共感が得られない状況になっている。

こうした紀伊半島における道路整備の動きを見ると、そこに地域住民がほとんど関わりを持っていないことが分かる。行政主導の国への要望活動等に住民が参加することはあっても、道路の清掃・植栽などを除いて、地域住民が主体的に道づくりに取り組む姿はほとんど見られない。これは、行政中心の道路整備が続けられる過程で、地域の住民が道づくりから離れてきたためである。また、地域づくりの主体である住民が道から離れることにより、道路が整備されたとしても、道路整備が地域づくりに十分に活かされなくなってきている。かつては道づくりと地域住民が密接な関わりを持っていた紀伊半島でさえ、今日では、道づくりと地域との関わりが希薄になるとともに、道路行

図2-7 国道及び県道の改良率（平成24年）

資料：国土交通省「道路統計年報」（平成24年4月1日現在）より作成

政と地域住民の関わりも希薄になり、道路行政は地域の人々から共感を得ることが難しくなってきた。

3. 明治以降の河川整備・道路整備に共通すること

　明治以降の河川整備と道路整備に共通することとして、以下の3点があげられる。

3-1 国による河川と道路の統一的な管理の進行

　第1に、河川と道路について国による統一的な管理が進行してきたことである。

　河川については、江戸時代までは地域住民が川の管理に関わっていたが、明治政府は河川の中央集権化を進め、当初は舟運のための低水工事を国で、洪水防御のための高水工事は府県で行うこととしたものの、明治20年（1887）前後の水害の頻発を受けて、明治29年（1896）に河川法を制定して、長期的な治水計画を作成して、国が直轄で河川整備を行うこととした。戦後になると、昭和20年代から30年代に頻発した台風災害に対応するため、また大都市圏への人口や産業機能の集中による生活用水や工業用水の需要に対応するため、地先ごとに河川を管理する考え方から、ダム等をつくるなどして水系ごとに管理する考え方が必要となり、昭和39年（1964）の新河川法により水系一貫主義が採用され、国が河川を統一的に管理する体制が整えられ、それまでの上下流や左右岸の対立を乗り越えて、治水計画等に基づいて河川整備が行われてきた。事例として取り上げた四国では、戦前には国による直轄事業は吉野川、那賀川、渡川の3河川にとどまっていたが、その後、直轄事業の対象が拡大され、今日では8水系が一級河川に指定され、国による直轄管理が行われている。

　道路についても、江戸時代までは、自発的であれ藩命であれ、道を切り開き、

道を維持管理するために地域住民が主体的に関わってきたが、明治以降、統一的な国家をつくるために、あるいは軍事的な目的のために、国が道路整備への関わりを強めることになった。とは言っても、明治期から戦前にかけては、陸上交通機関として鉄道が重視されていたこともあり、道路法の制定は大正8年（1919）で、河川法などと比べて遅く、国は国道であっても直轄事業をほとんど行わず府県に任せるなどしており、国が道路整備を主導していたとは言い難い状況であった。その半面、戦後になると、道路整備のための制度が整えられ、財源の確保等が行われて、道路整備五ヵ年計画等に基づいて国を中心に道路整備が集中的に行われてきた。事例として取り上げた紀伊半島では、戦前は国による道路整備はそれほど行われず、戦後になると道路整備五ヵ年計画に基づいて国による道路整備が行われてきたが、それでも現状では全国的に見ると紀伊半島の道路整備水準は低い状況にとどまっている。

　国が河川を統一的に管理してきたことにより、水害が減少し、水の安定供給が図られ、また国が道路の統一的な管理を行ってきたことにより、人やものの移動が円滑に行われるようになってきた。明治以降の河川整備と道路整備は、人々の生活と産業活動の基盤を整え、日本の経済発展に貢献してきた。これは事実であり、今後の国づくりを考える上でも、大河川や幹線道路の整備については、国が主導的な役割を果たすことが重要であると考える。その一方で、国が河川と道路を統一的に管理することにより、国が地方自治体を管理する体制も整うこととなり、河川整備や道路整備における国主導・地方自治体従属の関係が生み出されて、地方自治体が地域の実情にあった政策を主体的に考えたり、実行しにくくなり、河川整備や道路整備が地域づくりに十分に活かしにくい仕組みにもなってきている。河川行政や道路行政を担う組織が大きくなるほど、行政は地域の個別の問題には対応しにくくなるとともに、組織をいかに維持するかが大事にされ、地域の問題であっても、日本全国の問題を扱う組織の論理で処理されるようになるため、河川整備や道路整備を地域づくりに活かすことができる仕組みに変えていくことが求められている。

3-2 河川と道路からの地域住民の乖離

　第2に、河川整備と道路整備を進めるほど、河川と道路から地域住民が離れ、河川や道路をめぐり地域住民と行政が対立するようにさえなってきたことである。

　河川については、明治以来、それまでの治水の考え方とは異なり、原則として氾濫を完全に防ぐことを治水方針として、洪水をできるだけ早く海に流す「放水路」の整備が進められてきたため、それまで「川」づくりを担っていた地域住民が川から離れることになり、行政依存の傾向が強まってきた。行政側としても、素人が入ると面倒なので、専門的なことはプロに任せろと言って住民を排除してきた面もあり、そのことが河川行政に対する批判を助長してきたものと考えられる。昭和47年（1972）の豪雨をめぐって、各地で水害訴訟が起こり、事例対象の四国でもそれ以降水害訴訟が起こることになったが、水害訴訟はそれまで川に関わってきた住民が川から離れ、河川管理を行政に任せるようになった象徴的な出来事であると考えられる。また、平成になると、公共事業批判や環境問題への関心の高まりの中で、長良川河口堰の本格運用を機に、河川をめぐる住民と行政の対立が大きな問題になった。四国でも、明治以降、河川管理の主体が地域の住民から行政に移行する流れが見られ、その過程で川づくりについて地域の住民と行政が対立するまでになり、吉野川第十堰改築計画がマスコミ等を通じてその象徴的な存在として取り上げられるようになった。

　道路についても、人や馬が通行する時代から自動車の時代へと変わるにつれて、自動車が通行可能な道路の幅員・勾配・直線性など構造に配慮するとともに、道路整備の範囲が広域化すること等により、道路整備の主体は地域の住民から、資金と技術力を有する行政に移行することになった。このため、それまで道づくりに関わりを持っていた地域住民は、道路整備から離れて、行政に依存することになった。また、時代とともに、幹線道路の整備では、目的地に人やものを運ぶための機能が重視されるようになり、経済効率性や交通需要に重きを置いた考え方が中心となってきた。特に有料道路の場合には、借入金で道路整備を行い、道路利用者から徴収する料金収入によって償

還される仕組みであるため、道路事業者は道路利用者を重視する一方で、沿線の地域住民との関わりはあまりなくなってきた。こうして、地域住民にとっては、目の前を通る道路でさえ、自分たちの道路であると意識することができなくなった。行政による道路整備のための制度の充実や財源確保が行われただけでなく、地域との関わりを通じてまちを形成し人の交わりを生み出す「街道」から、できるだけ早く大量に人やものを運ぶ「通路」へと道の性格が変わることにより、地域住民が道路から分離されてきていると言える。事例対象の紀伊半島では、他地域に比べて道路整備がそれほど進まなかったため、戦前は地域住民の道づくりへの関わりは強かったが、戦後に国の計画に沿って道路整備が進められるようになると、道づくりへの地域住民の関わりは弱まり、行政主導による国への要望活動等に住民が参加することはあっても、道路の清掃・植栽などを除いて、地域住民が主体的に道づくりに取り組むことはほとんどなくなった。

　行政による河川整備や道路整備が進むほど、地域住民が河川や道路から離れ、場合によっては河川整備や道路整備をめぐって地域住民と行政が対立するような状況も生まれてきた。このため、行政で河川整備や道路整備の計画づくりなどに際して、パブリックコメントを行ったり、公聴会等を通じて住民の意見を聴いていることにしているが、根本的には河川整備や道路整備が地域づくりに役立つこと、つまり自分たちの利益になると地域住民が意識できることが重要である。行政が河川や道路を整備するのは、国や地域をより良くすることが目的である。河川行政は河川整備を行い、道路行政は道路整備を行えばいいということではない。河川整備や道路整備が国づくりや地域づくりに効果的に活かされるように、役所間や国と地方間の連携を図るなどして、まちが変わる、国が変わることを国民が実感できる河川整備や道路整備をしていくことが求められている。

3-3 都市への河川整備と道路整備の集中

　第3に、河川整備と道路整備を進めるほど、都市に人口や諸機能が集中し、その都市がさらに河川整備や道路整備に関する高い要求をし、それに対応し

2.3 明治以降の河川整備・道路整備に共通すること

て都市への集中投資が行われてきたことである。

　河川については、昭和39年（1964）の新河川法の制定により、国による河川の統一的な管理が行われるようになり、河川整備により流域に人口や資産が集中し、そのことがさらに治水・利水の計画規模の拡大を要求してきた。国による河川整備やダム建設は、治水安全度の向上や上水道・工業用水の供給等により流域への人口や産業機能等の集中をもたらしてきたが、その集中が治水・利水両面からさらなる河川整備を要求するようになり、計画規模が拡大してきた。また、河川整備の考え方として、河川の重要度が治水計画の規模を決める上で重要な要素となり、首都圏や近畿圏の大河川では200年に一度の洪水規模を目標に河川整備を進めることになり、その大都市の人口や資産を守るために超過洪水対策として高規格堤防が整備されることとなった。このように大河川の下流部や大都市での河川整備が重視される一方で、地方では一級河川であっても無堤地区の区間が多く残される状況となっている。事例対象の四国でも、大河川の下流部への人口集中が確認できる。吉野川の最下流に位置する徳島市の人口は、国勢調査によると、吉野川の第二期改修事業が開始された翌年の昭和25年（1950）には121,416人であったが、平成22年（2010）には264,548人へと約2.2倍になった。この間に、徳島県の人口は昭和25年（1950）の878,511人から平成22年（2010）には785,491人へと逆に93,020人減少しているため、県人口に占める徳島市の人口の割合は13.8％から33.7％へと上昇した。昭和26年～42年（1951～1967）に徳島市が町村を編入したことなども影響しているが、吉野川下流域の河川整備による生活環境や産業・経済環境の向上が徳島市への人口集中を促した一因と考えられる。

　道路についても、明治時代のほとんどの国道が東京を起点としていたことに象徴されるように中央集権的な性格をもっているため、道路整備を進めるほど地方から東京など都市に向かって人口や諸機能が集中することになった。その人口や諸機能が集中した都市では交通需要が増加するため、その増大する交通需要に対応するために都市では一層の道路整備を要求してきた。一方、公共事業批判の中で、戦後の道路整備に貢献してきた道路関係四公団の民営化や道路特定財源の見直しが行われ、事業の効率性が重視されるようになり、

効率の悪い道路は要らない、地方に道路は要らないなどと言われ、人口や交通需要が少ない地方での道路整備は実施しにくい状況となってきた。事例対象の紀伊半島でも、都市への人口集中が確認できる。和歌山市の人口は昭和25年（1950）には191,337人であったが、平成22年（2010）には370,364人へと約1.9倍になった。この間に、和歌山県の人口は昭和25年（1950）の982,113人から平成22年（2010）には1,002,198人へと2％増にとどまっているため、県人口に占める和歌山市の人口の割合は19.5％から37.0％へと上昇している。昭和30年～34年（1955～1959）に和歌山市が周辺町村を編入したことなども影響しているが、道路整備による生活環境や産業・経済環境の向上も和歌山市への人口集中をもたらした一因と考えられる。

河川整備や道路整備を進めるほど、都市に人口や諸機能が集中し、さらに要求される計画規模の拡大に対応するという、現状の課題を解決するための政策が今後も続けられるとすれば、都市にはますます人口や諸機能が集中し、地方はますます衰退することになる。課題解決のための政策を転換し、あるべき国の姿をめざして、日本の国土全体を活かす方向で国づくりを進めて行くことが求められている。

<注>
1) 日本土木史編集委員会編「日本土木史－大正元年～昭和15年－」25-31頁
2) 高橋裕「都市と水」25-28頁
3) 松浦茂樹「治水長期計画の策定の経緯とその基本的考え方の変遷」150-154頁
4) 中村晋一郎・沖大幹「我国における基本高水改定要因の変遷とその特徴」S685-690頁
5) 愛媛県土地改良事業団体連合会編「愛媛の土地改良史」124頁
6) 穴吹町誌編さん委員会「穴吹町誌」283頁
7) 須崎市史編纂委員会編「須崎市史」1052頁及び須崎市立多ノ郷小学校「佐々木惣之丞」36-47頁
8) 建設省四国地方建設局徳島工事事務所編「那賀川改修史」200-201頁
9) とくしま地域政策研究所編「吉野川事典」176-177頁及び真貝宣光「新川掘抜工事と第十堰の変遷」172-173頁。なお、新川掘抜工事が行われたのは、元禄14年（1701）ではなく、寛文12年（1672年）とする説もある。
10) とくしま地域政策研究所編「吉野川事典」65頁及び103頁

11) 建設省四国地方建設局徳島工事事務所編「那賀川改修史」203頁、国土交通省四国地方整備局・徳島県「那賀川水系河川整備計画」18頁、那賀川町史編さん委員会編「那賀川町史下巻」96頁、羽ノ浦町誌編さん委員会編「羽ノ浦町誌　自然環境編」143頁
12) 建設省四国地方建設局中村工事事務所編「渡川改修50周年記念写真集」17-18頁
13) 四国の建設のあゆみ編纂委員会編「四国の建設のあゆみ」356頁
14) 重信町誌編纂委員会編「重信町誌」46-47頁
15) 宍喰町教育委員会編「宍喰町誌　上巻」646頁
16) 山川町史編集委員会編「改訂　山川町史」580頁
17) 澤田健吉「吉野川の歴史（その5）」172頁
18) 澤田健吉「吉野川の歴史（その5）」175頁
19) 那賀川町史編さん委員会編「那賀川町史下巻」100-101頁
20) 野市町史編纂委員会編「野市町史　上巻」930-944頁及び国土交通省四国地方整備局・高知県「物部川水系河川整備計画」13頁
21) 海南町史編さん委員会編「海南町史　上巻」571-578頁
22) 建設省四国地方建設局徳島工事事務所編「那賀川改修史」202頁及び225-226頁
23) 鷲敷町史編纂委員会編「鷲敷町史　続編」177-180頁
24) 大津地区町内会連合会・大津地区コミュニティ計画推進市民会議編「はばたけ大津2」32-35頁
25) 高知県土木史編纂委員会編「高知県土木史」478-481頁
26) 高知県土木史編纂委員会編「高知県土木史」473-474頁
27) 日本工業会編「明治工業史　6土木編」55-58頁
28) 日本土木史編集委員会編「日本土木史－大正元年～昭和15年－」606-607頁
29) 日本土木史編集委員会編「日本土木史－昭和16年～昭和40年－」325-326頁
30) 林良嗣・奥田隆明・加藤博和・戸松保晴「経済発展への対応からみた戦後日本の道路整備に関する歴史的考察」72-73頁
31) 紀伊半島・道と文化の研究会編「紀伊半島の道と文化」54-56頁
32) 飯高町郷土誌編纂委員会編「飯高町郷土誌」290頁
33) 東吉野村史編纂委員会編「東吉野村史　通史編」154-155頁
34) 三重県編「三重県史　資料編近代1」551-557頁
35) 和歌山県政史編さん委員会編「和歌山県政史　第二巻」512頁
36) 和歌山県政史編さん委員会編「和歌山県政史　第一巻」662頁
37) 飯高町郷土誌編纂委員会編「飯高町郷土誌」563頁
38) 大淀町編「大淀町史」279頁
39) 飯南町史編さん委員会編「飯南町史」847-848頁
40) 飯高町郷土誌編纂委員会編「飯高町郷土誌」464-465頁
41) 和歌山県政史編さん委員会編「和歌山県政史　第一巻」668頁
42) 和歌山県政史編さん委員会編「和歌山県政史　第二巻」522頁
43) 和歌山県政史編さん委員会編「和歌山県政史　第二巻」521頁
44) 奈良県編「奈良県政七十年史」747-748頁
45) 国土交通省近畿地方整備局奈良国道事務所編「奈良国道事務所50年史」188頁
46) 和歌山県政史編さん委員会編「和歌山県政史　第三巻」750-751頁
47) 和歌山県政史編さん委員会編「和歌山県政史　第四巻」775頁

第3章 1990年代以降の社会資本整備

公共投資が経済発展に貢献していた時代までは、推進主体の国づくり思想の希薄化や国民の推進主体に対する支持の欠如は顕在化しなかったが、1990年頃から、日本を取り巻く内外の変化により、さまざまな面から公共事業批判が行われるようになった。

　まず、1990年頃の時代性について見ることにする。

1. 1990年頃の時代性

1-1 東西冷戦の終結と日本を取り巻く環境の変化

　平成元年（1989）11月、東西対立のシンボルであったベルリンの壁が崩壊し、同年12月にマルタでブッシュとゴルバチョフはもはや冷戦が存在しないことを宣言した。

　東西冷戦が始まったのは昭和20年（1945）2月のヤルタ会談である。ルーズベルト、チャーチル、スターリンによる会談で、第二次世界大戦後の世界秩序が規定される一方で、超大国のアメリカとソ連による資本主義陣営と社会主義陣営の冷戦が開始された。その後、アメリカとソ連の武力による直接の衝突はなかったものの、世界各地で両陣営の代理戦争などが行われ、軍備拡張や核装備が進められた。

　東西冷戦が続いた結果、1980年代にはアメリカもソ連も国力を消耗していた。それでも強いアメリカを期待されて登場したレーガン大統領は軍事費を増大させたが、昭和61年（1986）にアメリカは債権国から債務国に転落するとともに、昭和62年（1987）10月のブラックマンデーにはニューヨークの株価が大暴落するなど国全体が疲弊し、軍備拡張を続ける状況にはなかった。

　一方、ソ連もアメリカに対抗して軍事費を増大させてきたが、ソ連の経済は官僚制の弊害により硬直化していた。昭和60年（1985）に書記長になったゴルバチョフはソ連の経済を立て直すために、ペレストロイカやグラスノスチを提唱して改革を図ろうとしたが、保守的な勢力の抵抗に遭い、十分な成

果を上げることができなかった。こうした状況の中で、平成元年（1989）12月のマルタでの東西冷戦の終結宣言は、経済的に疲弊したアメリカとソ連の双方にとって必要なことであったと言える。

　冷戦終結後、アメリカでは「冷戦は終わった。そして、日本が勝利を収めた」と言われた。[1] 昭和48年（1973）の第一次オイルショック以降、特に日本からアメリカへの自動車輸出が増大するなどして、平成元年（1989）には日本の対米貿易黒字額は500億ドルとなり、貿易不均衡が日米間の大きな懸案となっていた。アメリカでは、日本はアメリカの援助により発展を果たし、アメリカによって平和を維持されていながら、不公正な貿易でアメリカ経済を崩壊させようとしているという日本批判がわき起こり、アメリカは日本にさまざまな要求を突きつけることになった。

　東西冷戦中、アメリカはソ連に対峙し、日本はアメリカの側にいたが、冷戦終結とともにアメリカは日本を経済戦争の相手とするようになり、平成2年（1990）の日米構造問題協議の中で、アメリカは日本に対して、内需拡大と公共投資、そして公共事業へのアメリカ企業の参入等を要求することになった。また、後述する日本のバブル経済の崩壊や政治の混乱も、東西冷戦終結による日本を取り巻く環境、とりわけアメリカの対日戦略の変化が大きく影響していると考えられる。

1-2 バブル経済の崩壊

　日本は昭和61年（1986）頃から平成2年（1990）頃にかけていわゆるバブル景気となって、特に株価や地価が異常に騰貴し、その後バブル経済の崩壊とともに急落した。例えば、日経平均株価は平成元年（1989）12月には38,915円の高値を付けたが、10ヵ月後の平成2年（1990）10月には20,000円割れと、半値ほどになった。また、地価公示によると、東京23区商業地の地価は昭和60年（1985）の234万円/㎡が平成3年（1991）には860万円/㎡まではね上がったが、3年後の平成6年（1994）には401万円/㎡へと半値以下に急落し、さらに平成8年（1996）には229万円/㎡へと昭和60年（1985）の水準以下となった。

バブル景気の引き金は昭和60年（1985）のプラザ合意と言われている。財政赤字と貿易赤字という双子の赤字に悩むアメリカの要請により、日本、アメリカ、西ドイツ、フランス、イギリスの先進5ヵ国蔵相・中央銀行総裁会議がニューヨークのプラザホテルで開催され、ドル高を是正するために5ヵ国が為替市場に協調介入を行うことで一致した。これにより、為替相場はプラザ合意前の1ドル＝240円から、昭和61年（1986）には1ドル＝125円前後にまで円高となり、日本の輸出産業は影響を受けることになった。

アメリカは日本製品の輸入制限をする保護主義的な傾向を強めるとともに、日本に対して内需拡大と市場開放を求めた。これを受けて、中曽根首相の私的諮問機関「国際協調のための経済構造調整研究会」は昭和61年（1986）にいわゆる前川レポートをとりまとめ、内需拡大、市場開放、金融自由化などを柱とした日米経済摩擦の打開策を示した。また、日本銀行は昭和62年（1987）から平成元年（1989）にかけて公定歩合2.5％という、当時では超低金利政策を実施した。しかし、プラザ合意以来の円高不況により、製造業などの資金需要は減退し、銀行は借り手を失い、資金がだぶつくようになった。

そこで、銀行は不動産関連企業や住宅専門金融会社などのノンバンクに資金を貸し出し、その資金が土地に投資されて地価の騰貴を招くとともに、事業会社の資金が資金運用の一環として株式購入に当てられて株価の騰貴を招いた。政府も昭和62年（1987）に総合保養地域整備法（リゾート法）を整備して、民間事業者などのリゾート産業等への投資を促進し、結果的に地価の騰貴を後押しした。また、だぶついた資金は海外への投資を招き、日本企業によるロックフェラー・センターの買収などが行われて、アメリカでの日本たたきを煽ることになった。

平成2年（1990）に、政府は地価抑制のために土地関連融資の抑制（総量規制）を行い、日本銀行も金融引き締めを行った。これにより、信用収縮が一気に進み、前述のとおりバブル経済の崩壊により株価も地価も暴落した。日本はその後、金融機関の不良債権処理に時間を要し、日本全体として見ると、景気回復に至らず、長期間の景気低迷が続いた。

1-3 政治の混乱

　明治維新で中央集権的な体制ができて以来、1980年代頃までは、日本では政界、官界、財界が連携して国づくりを進めてきた。国の発展や国民の幸せのために、政治家、官僚、財界人が連携して国民を導くことは日本にとって望ましいことと考えられるが、貿易不均衡を叫ぶアメリカなどからすると、政官財が連携した日本式経営はやっかいなものであったと考えられる。スティーヴン・シュロスタイン「エンド・オブ・アメリカ」には「1990年、冷戦の緊張の中から世界最強の高度の工業力を備えた国として日本が台頭した。貯蓄高と資本形成は最高のレベルを誇り、労働者の教育程度は極めて高く、膨大な数の技術者を擁し、政府と業界の円滑で緊密な協力態勢には定評がある。」と記されていた。[2)]

　ところが、1990年頃から、日本では政官財の贈収賄や政治家・官僚・財界人の不祥事などが頻繁に取り上げられるようになった。例えば、昭和63年（1988）のリクルート事件は、政界・財界を揺るがす大スキャンダルに発展し、竹下内閣を総辞職に追い込んだ。また、平成4年（1992）には東京佐川急便事件が起こり、いわゆる55年体制を築いてきた自民党と社会党といった既成政党に対する不信が高まった。さらに、天下り、官官接待など官僚を攻撃対象とした報道も盛んに行われるようになった。

　国民には政官財の連携や官僚政治のマイナス面だけが刷り込まれて、政治家や官僚への不信感が高まり、政治家は信用できない、官僚政治は良くないものだという世論が形成されていった。

　また、政治不信が高まり、既成政党に代わる新党ブームが起こった。平成5年（1993）の細川内閣の誕生により、いわゆる55年体制が崩れて、連立内閣が誕生し、総理大臣が頻繁に変わるようになってきた。総理大臣の平均在任期間は昭和21年～平成元年（1946～1989）が約2年10ヵ月であるのに対して、平成元年～26年（1989～2014）は約1年6ヵ月で、1990年頃を境にして1年4ヵ月短くなっている。日本の政治では目先のことが重視され、中長期的な視点で日本の国をどうするのかという視点が希薄になってきた。

　1990年頃を境に政官財の連携が批判され、日本の政治が混乱する背景にも、

東西冷戦後の日本を取り巻く環境の変化があったと推察される。

1-4 戦後教育による精神の荒廃

1990年頃は、戦後アメリカ占領下で始められた教育の効果が発現し、日本人から国家意識や国を発展させようという意識が薄らぐとともに、損得勘定で物事を判断する考え方が強まってきた時期であったとも考えられる。

アメリカの占領政策は、日本が再びアメリカの脅威とならないように、日本人の精神を突き崩すことを主眼としていた。戦後の学校では、それまでの儒教的な道徳教育や宗教的なものは排除され、物質中心のものの考え方、物が豊富であることが幸せである、アメリカは理想の国であるという考え方が教え込まれた。また、家族中心の考え方、地域のきずなを大切にする考え方から、個人主義や平等主義が重視されるようになった。この結果、責任は果たさないが権利だけは主張する身勝手な「個人主義」や、機会の均等ではなく結果の平等を求める「平等主義」が後年の日本に蔓延することになった。

それでも戦前の教育を受けていた人々が日本の指導者であった1980年代頃までは、まだ日本には国の自主独立を守るという気概があり、日本人には国の発展を願う気持ちがあったと考えられる。しかし、1990年頃から、日本人には国を発展させようとする気持ちが薄らいできたようである。「ある程度の生活水準に到達したから、もうそんなに頑張らなくてもいい」、「政治家や官僚など国の指導者にはもう期待できない」など、頑張らなくていいという認識、あるいはあきらめの思いが日本を支配するようになってきた。この背景には戦後アメリカ占領下で進められてきた教育の影響があると考えられる。

敗戦時の昭和20年（1945）に10歳、15歳の子は、平成2年（1990）には55歳、60歳である。戦後教育を受けた世代が日本の国の指導者となる頃から、日本では人々に国家意識が薄れ、精神の荒廃が進んできた。日本的なものの考え方が薄れ、アメリカ的なものの考え方が蔓延するようになり、公よりも個人、和よりも競争、精神よりも物質、過程よりも成果が重視されるようになった。その中で、社会全体に、金さえ稼げば何をやってもいい、組織の規律も守らなくていい、自分さえよければいいなどという風潮が強まってきた。また、

物事の判断が損得で行われるようになり、効率性や費用対効果という言葉が重視されるようになった。アメリカが戦後進めてきた日本人から精神的な主柱を抜き取る作業が、45年ほどかけて1990年頃に効果を表してきたと言える。

2. 公共投資の推移と公共事業批判

2-1 公共事業関係費の推移

昭和46年度〜平成25年度（1971〜2013）の国の公共事業関係費と名目GDP成長率の推移を示すと、図3-1のとおりである。1990年代以降との違いを示すために、まず1980年代までの動向を見ることにする。

①1980年代まで（平成元年まで）

公共事業関係費はその時々の景気動向や財政状況等により変動している。

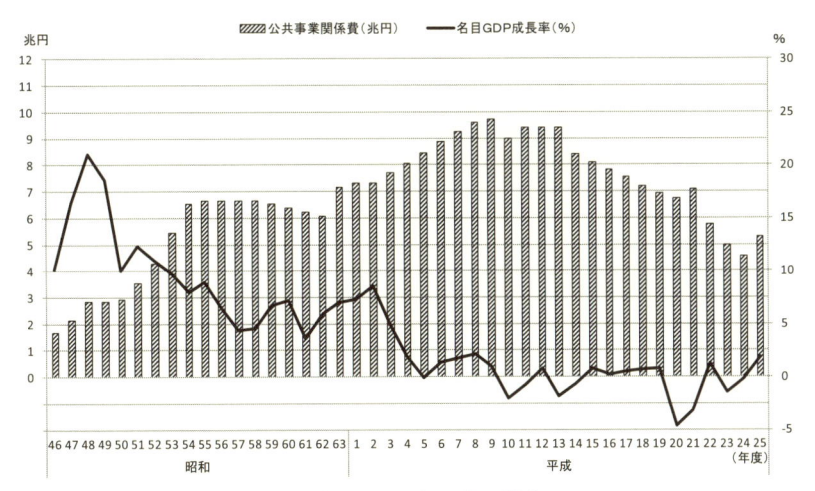

図3-1 国の公共事業関係費と名目GDP成長率の推移
資料：公共事業関係費は財務省資料、名目GDP成長率は内閣府「国民経済計算」より作成
注：公共事業関係費は一般会計当初予算である。

1970年代の公共事業関係費は、第一次オイルショックにより抑制された昭和49～50年度（1974～1975）を除いて、対前年度伸び率が20～30％程度となり、公共事業関係費は増え続けた。昭和46年度(1971)から昭和55年度(1980)にかけて公共事業関係費は1.7兆円から6.7兆円に約4倍に増えたが、公共事業に対する批判はあまりなかった。

1980年代になると鈴木内閣や中曽根内閣が財政再建や行財政改革の目標を掲げて緊縮的な財政運営を行ったため、公共事業関係費は横ばいまたは減少傾向となった。1980年代には、国家の関与を少なくし、競争原理を導入して市場に委ねるのがいいという新自由主義の考え方が世界に広まり、イギリスではサッチャー首相が国営企業の民営化、規制緩和などを行ったが、日本でも中曽根首相が国鉄、電電公社、専売公社の民営化などを行った。昭和63年度（1988）にはNTT株売却益を活用した公共事業の実施により外国からの内需拡大の要請に応えることとしたため、公共事業関係費は対前年度比18％程度の増加となったものの、昭和56年度（1981）から平成2年度（1990）にかけて6.7兆円から7.3兆円へと1980年代の伸びは約10％増にとどまった。

②1990年代（平成2年～平成11年）

1990年代には公共投資基本計画とバブル経済の崩壊後の景気対策のために、公共事業関係費が増大した。

平成2年（1990）の日米構造問題協議の中で、累積する対日貿易赤字を抱えていたアメリカは、日本の投資資金を国内にふりむけさせ、対米黒字を縮小させるとともに、日本の大規模公共事業にアメリカ企業を参入させることなどをねらいとして、日本の内需拡大とそのための社会資本整備の強化を日本に迫った。これを受けて、海部内閣は平成3年度（1991）から10年間で総額430兆円という公共投資基本計画を閣議了解した。昭和56年（1981）から平成2年（1990）までの10年間の公共投資の実績額が約260兆円であったことからすると、公共投資基本計画の規模の大きさが分かる。その後、アメリカからのさらなる要求に応えて、公共投資基本計画は、平成6年（1994）に村山内閣によって改定され、平成7年（1995）からの10年間に総額630兆円という規模に拡大された。公共投資基本計画では、公共投資を下水道、都市公園、

廃棄物処理施設、住宅・宅地の整備等の「生活環境・福祉・文化機能」に重点的に配分し、1980年代に50％台前半であった「生活環境・福祉・文化機能」の割合を60％台前半にさせることとした。また、地域別には国土の均衡ある発展を図ることを基本に地域間格差の是正に留意し、東京圏には新たな集中を招くことがないよう配慮することが明記されていた。[3] このため、公共投資基本計画では、生活環境・福祉・文化機能に関する公共投資に重点が置かれ、地方を重視した配分が行われた。

　この公共投資基本計画に加えて、1990年代にはバブル経済の崩壊後の景気対策や円高による経済情勢の悪化に対する経済対策も実施されたため、この時期の公共事業関係費は増大した。平成3年度（1991）から平成9年度（1997）にかけて公共事業関係費は7.7兆円から9.7兆円に増加し、この間の伸び率は26％であった。国が公共投資を増大させたため、地方自治体の財政負担も大きくなったが、地方自治体が公共事業負担のために地方債を発行してもその償還費を後年度に国が地方交付税交付金で措置してくれる仕組みがあり、そのことが地方自治体の財政規律を緩めることにもつながった。[4] このため、公債の発行が増大し、国や地方自治体の財政を圧迫することになった。財政構造改革を掲げた橋本内閣は、平成9年（1997）に「財政構造改革の推進について」を閣議決定し、公共投資基本計画については計画期間を3年間延長することとし、これにより投資規模の実質的縮減を図るとともに、公共事業関係の長期計画についても見直しを行うことなどが記された。また、平成10年度（1998）の公共投資予算については、前年度比7％マイナスの額を上回らないこととされ、財政構造の集中改革期間中に各年度その水準の引き下げを図ることとされた。平成9年（1997）には財政構造改革の推進に関する特別措置法（以下、「財政構造改革推進法」）が制定され、公共事業関係予算の重点化・効率化の基本方針のもと、公共投資関係費の量的縮減目標や公共事業関連計画における事業量の実質的縮減が記された。このため、公共事業関係費は平成9年度（1997）から平成10年度（1998）にかけて7.8％減となった。しかし、景気が後退したため、平成10年（1998）に発足した小渕内閣は財政構造改革推進法の施行を停止させるとともに、補正予算により再び景気対策としての公共事業を復活させたため、公共事業関係費は増大することになっ

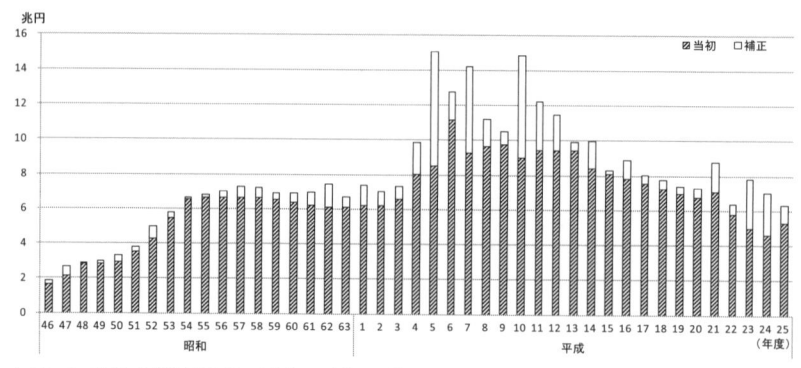

図3-2 公共事業関係費（当初・補正別）の推移
資料：財務省資料より作成

た。それまでも災害復旧のために補正予算が組まれたことはあったが、1990年代には景気対策のために補正予算が編成されるようになり、例えば平成10年度（1998）の公共事業関係費は当初9.0兆円、補正5.9兆円の合計14.9兆円となった（図3-2）。

1990年代の特徴として、公共事業の目的がそれまでの経済・産業活動及び国民生活の基盤を築くためということから、貿易摩擦の回避のため、地域間の所得再配分のため、あるいは景気対策のためへと重点が変化し、それに伴い公共事業関係費が増大したことがあげられる。景気動向に応じて補正予算で公共事業関係費を追加する手法は以前からも行われていたが、1990年代のバブル経済の崩壊後に経済が低迷し、金融政策が手詰まりとなる中で、景気対策としての公共事業の実施が顕著になり、公共事業関係費の増大を招いた。しかし、公共投資を行っても景気回復には至らず、公共事業による総需要創出策への批判が強まることになった。

③2000年代以降（平成12年以降）

平成13年（2001）に発足した小泉内閣は、同年に「今後の経済財政運営及び経済社会の構造改革に関する基本方針」（以下、「骨太の方針」）を閣議決定した。この「第2章　新世紀型の社会資本整備－効果と効率の追求」の中で、公共投資の問題点として、分野別の配分の硬直性や国主導のため依存体質を

生む仕組み、受益者負担が少なく必要性の低い公共投資が行われがちであること、投資規模が欧米諸国などと比べて高いことなどがあげられ、明確なビジョンに基づき、効果の大きい社会資本を最も効率的に整備する仕組みを確立するために抜本的な構造改革に着手するとともに、公共投資の水準を経済や財政と整合性のとれたものとすべきとした。また、平成14年（2002）には「構造改革と経済財政の中期展望」（以下、「改革と展望」）を閣議決定し、真に必要な分野に投資を集中する公共投資の配分の重点化を進めるとともに、公共事業の効率性・透明性の向上に向けて事業評価制度の導入、コスト縮減、PFI手法の活用、既存ストックの有効活用、入札契約制度改革などの取り組みに加えて、公共事業関係の計画に関する必要性の見直し、事業量目標から成果目標への転換、全国総合開発計画の見直し、公共投資基本計画の廃止を行うこととした。この結果、公共事業関係費は平成14年度（2002）には対前年度比11％減少、平成15年度〜20年度（2003〜2008）には対前年度比3〜4％程度ずつ減少した。小泉内閣の公共投資改革は、公共事業の量的縮小を行うだけではなく、公共事業の効果と効率を追求することにより、大都市圏と地方圏の配分も変えて大都市圏への重点投資を行ったところに特徴がある。

また、平成21年（2009）に発足した鳩山内閣は、「コンクリートから人へ」という理念のもと、公共事業政策の方針転換を表明し、前政権下で成立した平成21年度第一次補正予算の執行停止や平成22年度概算要求の組み替え減額を行い、その後の民主党政権下では事業仕分けなどにより公共事業費の削減、事業評価の厳格化などが行われた。この結果、公共事業関係費は、平成22年度（2010）には対前年度比18％、平成23年度（2011）には14％、平成24年度（2012）には8％それぞれ削減された。このため、平成13年度（2001）から平成24年度（2012）にかけて、公共事業関係費は9.4兆円から4.6兆円へと52％減少した。しかし、平成24年（2012）に発足した安倍内閣では、金融緩和、財政出動、成長戦略の三本の矢の経済政策（いわゆるアベノミクス）を打ち出し、このうち財政出動の中心が公共事業と位置づけられたため、平成25年度（2013）に公共事業関係費は対前年度比16％増加することになった。

なお、2000年代以降、1990年代に増大した公共事業関係費を削減するため

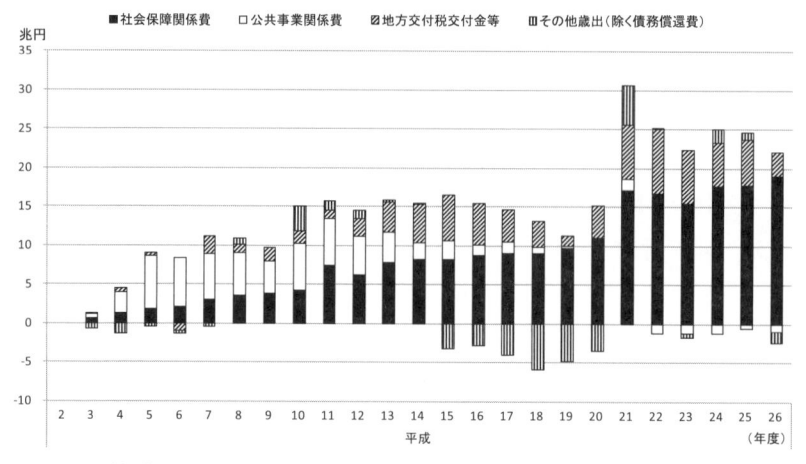

図3-3 公債残高の増加要因

資料：財務省「日本の財政関係資料」(平成26年2月) より作成

の取り組みが行われた結果、公共事業に伴う公債発行は減少した。1990年代には公共事業関係費が公債残高を増やす主たる要因となっていたが、2000年代以降は社会保障関係費の増加や地方財政の悪化に伴う財源不足の補てん（地方交付税交付金等）の増加が主要因となっていることが分かる（図3-3）。

2-2 公共事業批判

前述の公共事業関係費の削減には、公共事業批判も後押しをした。バブル経済が崩壊した1990年頃から自然環境破壊、政官財の利権構造、国・地方自治体の財政悪化、分野別の公共事業の硬直性等のさまざまな面から公共事業批判が行われるようになった。

第1に、自然環境破壊に対する批判である。ダムや道路の建設などをめぐる公共事業に対する反対運動は以前から地域的な問題として起こってはいたが、平成4年（1992）のブラジルでの環境と開発に関する国際連合会議（地球サミット）の開催、平成7年（1995）の長良川河口堰の本格運用開始、平成9年（1997）の諫早湾干拓事業による潮受け堤防の締切、同年の地球温暖化防止京都会議の開催にも影響を受けて、自然環境に関する人々の関心が高

まり、大規模公共事業に関する反対運動が全国各地で行われ、社会問題化した。例えば平成10年（1998）にジャーナリストや研究者などで構成される21世紀環境委員会が発表した「緊急に中止・廃止すべき無駄な公共事業100」には、全国の道路、ダム・河口堰、漁港、林道、農村農業整備事業、導水、埋立・干拓、下水道、空港、海岸整備、リゾート、ヘリポートなどさまざまな公共事業が列挙された。[5] これは、全国で運動を行っている環境保護団体や住民団体などを対象に行ったアンケート調査をもとに作成されており、公共事業への反対運動が全国のさまざまな種類の事業に対して盛り上がっていたことを象徴している。この100の公共事業のうち、最も無駄な公共事業とされたのは長良川河口堰であり、ついで国営諫早湾土地改良事業、徳山ダム（岐阜県）、藤前干潟埋め立て（愛知県）、吉野川第十堰建設事業の順であったという。この発表はマスコミで取り上げられ、公共事業に関する世論の関心をさらに高めることになった。

第2に、政官財の利権構造に対する批判である。自民党副総裁のヤミ献金脱税事件に端を発して、平成5年～6年（1993～1994）にゼネコン汚職事件が明るみとなり、国会議員、地方自治体首長、ゼネコン幹部が逮捕、起訴された。これにより官公庁や地方自治体が発注する公共事業が、談合を通じて建設・土木業界に膨大な利益をもたらし、その利益の一部が政治家や自治体の首長に献金や賄賂の形で流されていたことが明らかになった。これ以来、公共事業に関する受託収賄、談合、天下り、献金問題などがマスコミによって繰り返し報道され、族議員の意向を受けて、官僚が公共事業を推進し、財界が受注して儲けの一部を政治家に還元し、官僚には天下り先を提供する、といった公共事業をめぐる政官財の利権構造が国民に印象づけられた。この結果、公共事業は悪である、政治家や官僚は信用できないということが国民に刷り込まれていった。公共事業に対する国民の見方は厳しくなり、特に大規模公共事業は推進しにくい状況となった。

第3に、国や地方自治体の財政悪化に対する批判である。恒常化した公債発行による公共事業の実施は国や地方自治体の財政を悪化させており、例えば平成8年度（1996）末の推計で国の債務残高が320兆円、地方自治体が130兆円に達するなどしており、「赤ちゃんから高齢者まですべての国民をふく

めて一人当たり380万円の借金である。標準的な4人家族で実に1,520万円にもなる」[6]と、国や地方自治体の財政の危機的状況が紹介されるなどした。ここであげた国や地方自治体の債務残高は公共事業によるものだけではなく、社会保障費などに関係するものも含めたものであるが、公共事業との関連で紹介されることにより、国民には公共事業が国や地方自治体の財政を悪化させていることが浸透していった。

第4に、景気対策や所得再分配のための公共事業への批判である。1990年代以降、景気対策や地域間の所得再分配に重点を置いた公共事業が行われるようになったため、公共事業の量的な大きさが重視され、社会資本整備という観点からは無駄な事業でも正当化されるようになってきたと指摘された。また、地域間や産業間の格差に対抗して、公共事業により衰退産業や衰退地域を支えることは、成長産業や成長地域の足を引っ張り、日本全体の成長を阻害することになるという批判も行われた。[7] さらに大都市は税金を多く支払い、公共事業への補助金の分配は少ないのに対して、地方は税金を少なく支払い、公共事業への補助金の分配は多いなどと、地域間の所得再分配の不公平を主張し、大都市と地方の対立を煽るような批判も見られた。

こうした公共事業批判はマスコミなどを通じて広く国民に知らされ、前述のとおり橋本内閣や小泉内閣、民主党政権下などで行われた公共事業の仕組みの見直しや公共事業費の削減につながっていった。このため、公共事業費の削減は国民世論を反映したものと考えられがちであるが、総理府（内閣府）が継続的に実施してきた世論調査によると、1990年代に公共事業費の削減を望む意見が増えてきたとは必ずしも言えない結果となっている。

社会資本の整備のための費用負担の増加と整備の進捗との関係について、昭和47年（1972）から昭和60年（1985）にかけては「負担がある程度増えても早急に整備すべき」の割合が「負担が増えるなら、ある程度整備が遅れてもやむを得ない」の割合を上回っていたが、平成2年（1990）には逆に「整備が遅れてもやむを得ない」(32.8％) が「早急に整備すべき」(28.8％) を上回り、平成6年（1994）には再び「早急に整備すべき」(39.5％) が「整備が遅れてもやむを得ない」(24.3％) を15ポイント以上上回り、平成10年（1998）には「早急に整備すべき」(31.5％) と「整備が遅れてもやむを得ない」(30.0％)

がほぼ拮抗している。平成6年（1994）から平成10年（1998）にかけて費用負担の増加に反対する意見の割合が上昇している背景には、公共事業批判の世論が高まってきたことに加えて、平成10年（1998）の質問内容に「将来にわたって」という文言が追加されたことが影響していると考えられる（表3-1）。また、平成16年（2004）には、質問内容が変更された上に、選択肢が増やされたため、「現状の負担でこれまでどおり整備を進める」が41.3％と最も多く、「負担がある程度増えても早急に整備する」14.1％、「負担が増えるなら、ある程度整備が遅れてもやむを得ない」11.7％となっている（表3-2）。

表3-1 社会資本整備の費用負担の増加と整備の進捗について（昭和47年～平成10年）

単位：%

	負担がある程度増えても早急に整備すべきだ	負担が増えるなら、ある程度整備が遅れてもやむを得ない	一概に言えない	わからない
昭和47年	38.1	19.1	29.6	13.2
昭和52年	33.4	23.5	32.4	10.7
昭和56年	31.7	25.9	32.1	10.4
昭和60年	34.8	26.8	30.3	8.1
平成2年	28.8	32.8	30.8	7.6
平成6年	39.5	24.3	31.3	5.0
平成10年	31.5	30.0	33.3	5.1

資料：内閣府「社会資本の整備に関する世論調査」
注：質問内容は、「社会的な施設の整備には、国民が費用を負担する必要があります。あなたは、（将来にわたって）ある程度負担が増えても整備を早急に進めるべきと思いますか。それとも負担が増えるなら整備が遅れてもやむを得ないと思いますか。」（平成10年調査のみ「将来にわたって」という文言を追加）である。

表3-2 社会資本整備の費用負担の増加と整備の進捗について（平成16年）

単位：%

	負担がある程度増えても早急に整備する	現状の負担でこれまでどおり整備を進める	負担が増えるなら、ある程度整備が遅れてもやむを得ない	一概に言えない	わからない
平成16年	14.1	41.3	11.7	27.9	5.0

資料：内閣府「社会資本の整備に関する世論調査」
注：質問内容は、「社会的な施設の整備には、国民が費用を負担する必要があります。あなたは、社会的な施設の整備とその費用負担についてどう思いますか。」である。

質問内容が変更され、選択肢が増やされた理由は不明であるが、公共事業費の削減をめざす当時の小泉内閣の方針に沿って、費用負担が増えても早急に整備をすべきという意見の割合は大幅に減っている。国民世論を背景にして公共事業費の削減が行われたというよりも、公共事業費の削減を行うために国民世論を誘導した感がある。

このような公共事業批判の世論が形成される中で、1990年代以降の社会資本整備がどのように行われてきたのかを、河川と道路を例に見ることにする。

3. 世論に左右される社会資本整備

1990年代以降、社会資本整備は世論の動向に左右されるようになった。その事例として、平成12年（2000）1月に徳島市で行われた「吉野川可動堰建設計画の賛否を問う住民投票」をとりあげる。

3-1 徳島市の住民投票の経緯

■地元からの要望

第十堰は宝暦2年（1752）に築造された固定堰で、潮止めと旧吉野川への分水を主な機能としている。第十堰改築事業とは、固定堰である第十堰が老朽化、せき上げ、異常な深掘れなどの問題を抱えているため、第十堰を現在（石井町と上板町の地先）よりも約1.2km下流の河口から13kmの地点（徳島市と藍住町の地先）に可動堰として改築しようとする建設省の事業であった。第十堰はもともと地元の人々によって管理され、昭和初期には徳島県によって管理されていたが、昭和40年（1965）に建設省管理になったのを契機として、昭和41年（1966）に徳島県より国に対して第十堰及び第十樋門の改修の要望がなされた。その後、昭和58年（1983）にも徳島県より第十堰の改築について調査への早期着手及び徳島県との十分な協議が要望された。これを受けて、建設省は徳島県等と協議しながら昭和59年度（1984）に予備調査に、また昭

和63年度（1988）に実施計画調査に、そして平成3年度（1991）に建設事業に着手した。その頃、世の中では長良川河口堰問題が全国的な社会問題となっていた。

■審議委員会での審議

　平成7年（1995）の長良川河口堰の本格運用を開始するに当たり、建設大臣は大規模な公共事業の進め方について透明性と客観性を確保する必要があるとの認識を示した。これを受けて、建設省はダム事業等の一層の透明性・客観性を確保するため、平成7年（1995）7月から事業評価システムを試行した。これは、事業の目的・内容等を審議するダム等事業審議委員会を設置し、審議委員会が地域の意見を的確に把握し、十分な審議を行い、建設省に対して意見を述べるもので、全国の11事業（その後追加され14事業）の一つとして吉野川第十堰改築事業も対象となった。

　第十堰の審議委員会は平成7年（1995）9月に設置され、2年9ヵ月の審議を経て、平成10年（1998）7月に事業実施が妥当との意見をとりまとめた。この間に、審議委員会は14回の委員会を通じて審議内容や提出資料を公開し、地元住民の意見を聴くための公聴会を3回、専門学者による技術評価会を2回、第十堰環境調査委員会委員との質疑、市民団体からの意見聴取を行うなど、透明性と客観性の確保に配慮した手続きを進めた。審議委員会の意見を受けて、建設大臣は審議委員会の意見を尊重して環境影響評価の手続きを進めていくという方針を示した。

■地方議会の動き

　審議委員会での質疑が始まって以降、地方議会では平成8年（1996）3月に石井町議会が第十堰改築事業の促進に関する決議を行ったのを皮切りに、徳島県議会及び吉野川流域の市町村議会で改築促進に関する決議が相次ぎ、平成12年（2000）3月までに徳島県議会のほか流域の2市15町1村の議会で治水・利水上の理由により改築促進決議が行われた。なお、阿波町議会では、平成10年（1998）9月に自然環境への影響を考慮し、現堰維持の意見書が決議された。

■直接請求による住民投票条例案の否決

　これに対して、審議委員会の意見及び地方議会の決議には住民の意見が反映されていないと考える人たちは、平成10年（1998）9月に「第十堰住民投票の会」を結成し、住民による直接請求の方法で徳島市長に対して第十堰の可動堰化の是非を問う住民投票条例の制定を求めるための活動を始めた。有効署名数は徳島市の有権者数の48.8％にあたる101,535人に達し、「第十堰住民投票の会」は平成11年（1999）1月に徳島市長に対して住民投票条例制定を求める直接請求を行った。徳島市長は同年2月に徳島市議会臨時会を招集し、条例案に「住民投票条例は必ずしも必要ない」との意見を付して提案した。徳島市議会臨時会は、条例案は「吉野川第十堰改築に係る条例制定に関する特別委員会」に付託し、特別委員会では参考人6人の意見を聴取し、討議、採決した結果、条例案は否決された。この特別委員長の報告を受けて、徳島市議会臨時会は討議、採決の結果、条例案を否決した。

　また、吉野川左岸の藍住町でも、平成10年（1998）11月に「藍住町・第十堰住民投票の会」が発足し、徳島市の「第十堰住民投票の会」と連携して住民投票条例制定に向けた活動を行った。藍住町の有効署名数は有権者数の43.6％にあたる9,663人に達し、「藍住町・第十堰住民投票の会」は、平成11年（1999）2月に藍住町長に対して住民投票条例制定を求める直接請求を行った。藍住町長は同月に藍住町議会臨時会を招集し、条例案に住民投票は不要とする意見を付して提案した。藍住町議会臨時会は、審議を行い、採決の結果、条例案を否決した。

■議員提案による住民投票条例の制定

　直接請求による住民投票条例案を否決された徳島市の「第十堰住民投票の会」は、市議会議員選挙に独自候補を擁立するために平成11年（1999）3月に「住民投票を実現する市民ネットワーク」を結成し、5人の候補者を擁立した。同年4月の徳島市議会議員選挙（定数40）では、吉野川第十堰の可動堰化をめぐる住民投票条例の是非が最大の争点となったと言われた。投票の結果、市民ネットワークが擁立した候補者3人を含め、住民投票に賛成する22人が当選し、議員の過半数を占めた。

徳島市議会は、平成11年（1999）6月定例会で議員提案による吉野川第十堰可動堰化計画の是非を問う住民投票条例案を可決した。条例案については、市民ネットワーク、日本共産党市議団及び新政会の3会派と公明党市議団がそれぞれ条例案を提案したが、最終的に条件付きで公明党案への一本化で合意した。なお、この住民投票条例では、実施時期を別の条例で定めることとし、条例賛成議員による実施時期に関する協議は6ヵ月後に開始することとした。

　徳島市議会は、同年12月定例会で住民投票の実施時期を定める条例案を可決し、住民投票の告示日は平成12年（2000）1月13日、投票日は1月23日と定めることとした。なお、この条例では、投票率が50％に達しない時には開票しないという、いわゆる「50％条項」が設けられた。

　平成12年（2000）1月23日に行われた徳島市の住民投票の結果は、賛成8.2％、反対90.1％（投票率54.995％）となった。

3-2 住民投票に伴う動き

①人々の主な動き

　住民投票に関わる人々の主な動きを新聞報道により整理すると、以下のとおりである。

■市民団体等

　平成10年（1998）7月に第十堰の審議委員会が事業実施は妥当という意見をとりまとめたのを受けて、「ダム・堰にみんなの意見を反映させる県民の会」や「吉野川シンポジウム実行委員会」などの市民団体は、すぐに可動堰化建設の賛否を問う住民投票の実施に向けた行動を開始し、同年9月に「第十堰住民投票の会」を、同年11月には「藍住町・第十堰住民投票の会」を発足させた。その後は、「第十堰住民投票の会」が中心となって、県内の環境保護団体・労働組合・生協などや全国各地の住民投票活動団体などと連携するとともに、有名人を招いたイベントやシンポジウムなどを開催することにより、住民投票に向けた市民への啓発活動や住民投票条例制定を求める署名活動

を行った。平成11年（1999）2月に徳島市議会と藍住町議会で直接請求による住民投票条例案が否決されると、「第十堰住民投票の会」は議員提案で条例制定をめざす方針を表明し、同年4月に行われた徳島市議選に独自候補を擁立し、3人を当選させた。この結果、徳島市議会では住民投票に賛成する議員が過半数を占め、同年6月の徳島市議会で議員提案による住民投票条例案が可決された。その後は、「第十堰住民投票の会」を中心に住民投票に賛同する市民の輪が広がり、住民投票への市民参加を呼びかけるイベント、チラシ等の配布、新聞意見広告などを行い、「住民投票123（いち・に・さん）」を合い言葉に住民投票を盛り上げた。

■推進団体等

第十堰改築事業の推進を求める「洪水から、いのちとくらしを守る住民の会」や「第十堰改築事業促進連絡協議会」などは、平成11年（1999）1月に早期着工を促進するイベントを開催するとともに、建設大臣に早期着工を求める意見書を提出するなどの活動を行った。同年6月に徳島市議会で議員提案による住民投票条例案が可決された後、同年8月には「第十堰・署名の会」が設立され、9月から11月にかけて吉野川流域を中心に県全体を対象に可動堰計画推進を求める署名活動を行い、12月に30万人を超える署名と早期着工を求める要望書を建設大臣に提出した。なお、徳島市の住民投票では投票率が50％に達しなければ開票しないというルールが設定されたため、可動堰計画を推進する人たちの一部では、投票直前になって有権者に投票を棄権するよう呼びかける動きもあった。

■地方自治体

徳島県内の地方議会では、前述のとおり平成12年（2000）3月までに徳島県議会のほか徳島市議会など流域の2市15町1村の議会で第十堰改築促進決議が行われた。ただし、阿波町議会では、現堰維持の意見書が決議された。

徳島県知事は、審議委員会でも第十堰改築の必要性を説き、住民投票の動向にかかわらず、終始一貫して第十堰改築推進の立場を変えることはなかった。これに対して、同じ審議委員会の委員として意見のとりまとめに関わっ

た徳島市長は、住民投票の動きが始まった平成10年（1998）10月には住民投票条例は不要であるとの考えを表明し、平成11年（1999）1月に市民から住民投票条例制定を求める直接請求が行われた時には条例案に「住民投票条例は必ずしも必要ない」との意見を付して徳島市議会に提案していたが、同年4月に徳島市議選で住民投票に賛成する議員が過半数を占めると、5月には第十堰計画推進の旗振り役を考え直すと発言し、6月には流域の市町村で構成する第十堰建設促進期成同盟会の会長を辞任し、住民投票直前の平成11年（1999）11月には住民投票の結果を尊重する姿勢を強調するというように変わっていった。

■建設省

　建設省は、平成10年（1998）7月の審議委員会の意見を受けて、第十堰改築事業推進の方針を示し、当初は住民投票の動きに対して、現在の固定堰は老朽化、せき上げ、深掘れの問題があるため、流域の人々の生命と財産を守るために第十堰改築事業は必要であり、本事業に住民投票はなじまないと主張していた。しかし、平成11年（1999）4月に徳島市議選で、住民投票に賛成する議員が過半数を占めると、建設大臣が「住民投票で反対が過半数を超えたら、計画は直ちに中止」と発言した。この発言は同年5月に撤回され、可動堰は必要であると修正された。また、平成11年（1999）4月頃から、建設省は「住民対話」の方針を示すようになり、第十堰改築計画について地区別説明会や対話集会などを頻繁に開催する一方で、徳島工事事務所長がシンポジウムで「住民投票は劇薬」と住民投票の動きを牽制する発言をした。さらに、徳島工事事務所では可動堰化に賛成・反対の両派の団体に「市民参加のあり方に関する懇談会」への参加を呼びかけるなど、建設省は住民と対立する存在ではなく、第十堰改築事業をめぐって対立する反対市民と賛成市民の間の調整役であるとの姿勢を示すようにもなった。

②新聞報道

　住民投票をめぐる人々の動きを、マスコミはどのように報じたのであろうか。平成10年（1998）7月の審議委員会の意見とりまとめから平成12年（2000）

1月の住民投票に至る間の第十堰住民投票に関する新聞記事の数を見ると、3つのピークがあり、しかもピークが次第に大きくなっていることが分かる（図3-4）。

1つ目のピークは平成11年（1999）2月の196件であり、この時期は徳島市議会と藍住町議会で住民の直接請求による住民投票条例案が否決された時である。

2つ目のピークは平成11年（1999）6月の227件であり、この時期は徳島市議会で議員提案による住民投票条例が制定された時である。

3つ目のピークは平成12年（2000）1月の339件であり、この時期は徳島市で住民投票が行われた時である。

同期間の徳島・朝日・毎日・読売・日本経済新聞の5紙の社説を見ると、第十堰の住民投票に関する社説の数が増え、しかも行政批判・住民支持の内容が増えていることが分かる（表3-3）。平成10年（1998）7月の審議委員会の意見とりまとめに際して批判的な社説を掲載したのは日本経済新聞の2件であったが、平成10年（1998）9月に「第十堰住民投票の会」が、また平成10年（1998）11月に「藍住町・第十堰住民投票の会」が発足して活動を開始してからは、徳島・朝日・読売新聞も住民の直接請求による住民投票条例制定の動きを支持するようになり、平成11年（1999）2月に徳島市議会と藍住町議会で直接請求による住民投票条例案が否決されると、徳島・朝日新聞は

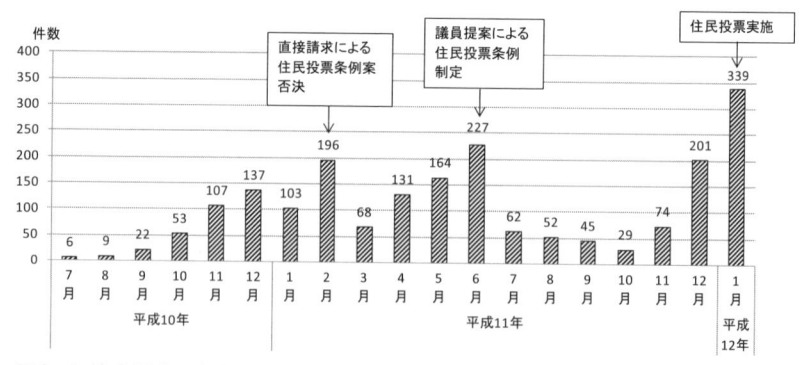

図3-4 第十堰住民投票に関する新聞記事（平成10年7月〜平成12年1月）

注：徳島・朝日・毎日・読売・日本経済新聞の第十堰住民投票に関する月別の新聞記事数である。

3.3 世論に左右される社会資本整備

表3-3 第十堰を中心的に取り扱った新聞の社説(平成10年7月〜平成12年1月)

時期区分	年月日	新聞社名	社説のタイトル
①審議委員会の意見とりまとめ	平成10年7月6日	日経新聞	納得できない吉野川河口堰の建設
	7月16日	日経新聞	公共事業不信が広がるわけ
②住民の直接請求による住民投票条例制定の動き	10月27日	徳島新聞	注目される市民の判断
	11月4日	朝日新聞	川に聞き、歴史に学べ
	12月8日	徳島新聞	数が示す署名の「重み」
	12月20日	日経新聞	住民が拒んだ吉野川河口堰
	平成11年1月10日	読売新聞	住民が納得する河川整備に
③直接請求による住民投票条例案の否決 (新聞記事1つ目のピーク)	2月1日	朝日新聞	住民投票で是非を問え
	2月2日	徳島新聞	議会の冷静な論議を望む
	2月3日	毎日新聞	流域住民の声を聞こう
	2月9日	徳島新聞	投票条例は否決されたが
	2月9日	朝日新聞	建設省は踏みとどまれ
④徳島市議会選挙、議員提案による住民投票条例制定の動き	4月26日	徳島新聞	民意を議会活動に生かせ
	4月27日	朝日新聞	吉野川堰 市議選に示された意思
	4月28日	徳島新聞	大臣発言を再考の機会に
	5月16日	徳島新聞	徳島市議は真しな審議を
	5月21日	朝日新聞	関谷建設相 これだから政治家は
	5月23日	徳島新聞	第十堰建設相発言 真剣な姿勢とは思えない
⑤議員提案による住民投票条例の制定 (新聞記事2つ目のピーク)	6月12日	徳島新聞	速やかに条例の制定を
	6月19日	朝日新聞	吉野川堰 不可解な公明党の対応
	6月22日	徳島新聞	住民投票条例案可決 実施への確実な一歩に
	6月23日	読売新聞	条例成立を機に議論を深めよ
	6月23日	毎日新聞	吉野川可動堰 住民投票の実施を急ごう
⑥住民投票前の動き	11月22日	朝日新聞	川と生きる 洪水とつきあう知恵を
	11月27日	徳島新聞	実施日の決定速やかに
	12月14日	徳島新聞	実施目的にかなう結論を
	12月16日	徳島新聞	もたつく議会結論急げ
	12月21日	徳島新聞	今度は徳島市民の出番だ
	12月24日	朝日新聞	吉野川堰 住民が流れを決める
⑦住民投票の実施 (新聞記事3つ目のピーク)	平成12年1月12日	徳島新聞	市民の意思示すチャンス
	1月14日	毎日新聞	吉野川住民投票 大いに意見を戦わせよう
	1月14日	日経新聞	住民に信を問う公共事業
	1月16日	朝日新聞	吉野川堰 投票で意思を示そう
	1月22日	徳島新聞	市民は進んで意思示そう
	1月24日	徳島新聞	改築「反対」10万票の重さ
	1月24日	朝日新聞	吉野川堰 住民が下した重い結論
	1月24日	日経新聞	徳島市民に拒否された吉野川可動堰
	1月25日	読売新聞	説明不足が招いた住民の反発
	1月26日	朝日新聞	住民投票 代議制へのよき援軍だ

注:第十堰を中心的に取り扱った徳島・朝日・読売・毎日・日本経済新聞の社説である。

第十堰改築事業への住民意見の反映を求める論調となった。同年4月の徳島市議会議員選挙を経て、同年6月に徳島市議会で議員提案による住民投票条例案が審議、可決された際には、徳島・毎日新聞は住民投票条例の制定を支持し、住民投票の早期実施などを主張するようになった。そして、平成12年（2000）1月の住民投票前には徳島・朝日・毎日・日本経済新聞は住民に投票を呼びかけ、9割が反対という投票結果が出た際には徳島・朝日・読売・日本経済新聞は住民の勝利を讃える論調となり、中には行政批判を展開し、議会を通じた間接民主制を補完する仕組みとしての住民投票の意義を強調する社説もあった。

3-3「9割が反対」の意味

徳島市の住民投票で示された「9割が反対」は、以下の3つのことを意味していると考えられる。

①河川行政の信任投票

住民投票のテーマは吉野川可動堰建設計画の是非を問うものであったが、徳島市民の投票は河川行政に対する信任投票であったと考えられる。反対の意思を示した人々の理由は、可動堰が建設されると自然環境が破壊される、無駄な公共事業が行われる、国や地方自治体の財政が悪化するなどさまざまであったが、以下の2点は反対した人々に共通していたと考えられる。

一つは「行政だけで決めるな、住民に決めさせろ」という意思表示である。明治以降、ダム建設や河川事業などを進める過程で、行政が専門的、技術的なことはプロに任せろと言って、住民を排除してきた面がある。これは河川事業に限らず、道路でも、港湾でも、干拓などでも公共事業一般に言えることであるが、行政が住民を排除して公共事業を実施してきたことに対して住民が反発した。行政側は審議委員会での審議や公聴会などの手続きを踏み、住民の代表者である県議会や市町村議会の意見等を踏まえて、第十堰改築事業を推進しようとしたが、住民投票を進めた人たちはそこには民意が反映されていない、住民に決めさせろと主張し、そのことが多くの住民の賛同を

得たということである。

　もう一つは「東京で決めるな、徳島のことは徳島に決めさせろ」という意思表示である。徳島の人からすると、吉野川第十堰をどうするかは、本来は地域の問題である。しかし、吉野川に限らず国が管理する一級河川については、重要なことは東京で決められている。行政の組織が大きくなるほど、行政は地域の個別の問題には対応しにくくなり、地域の問題であっても、日本全国の問題を扱う組織の論理で処理せざるを得なくなる。四国地方整備局でも、徳島工事事務所でも重要な地位にいる人は東京から送り込まれている。東京から派遣された人が地域の人々の信頼を得られれば良いが、地域の人の信頼を得られなければ、建設省と住民の関係はますます乖離していくことになる。

②マスコミの力の強さ

　住民投票を実施するために主体的に活動していた市民団体の人たちの力は強く、住民の直接請求による住民投票条例案が徳島市議会で否決されると、今度は徳島市議選で候補者を当選させ、議員提案で住民投票条例を可決させ、住民投票を実施させるなど、困難が立ちはだかっても、前に進んでいった。こうした市民団体の人たちの力が住民投票を実現した源泉であったことは間違いないが、住民投票で「9割が反対」という結果が産み出された背景にはマスコミの力が影響したと考えられる。

　前述のとおり、審議委員会が意見をとりまとめた平成10年（1998）7月には第十堰の住民投票に関する新聞記事は徳島・朝日・読売・毎日・日本経済新聞の5紙で6件にすぎなかったが、平成11年（1999）2月に住民の直接請求による住民投票条例案が徳島市と藍住町で否決された時には196件、同年6月に議員提案による住民投票条例が徳島市議会で制定された時には227件、そして徳島市で住民投票が実施された平成12年（2000）1月には339件にまで増えた。新聞だけではなく、テレビ、ラジオ、雑誌などでも、住民投票をめぐって取材報道や討論番組などが放送されることが多くなり、住民投票運動を盛り上げた。建設省は科学的・専門的知識に基づいて論理的に事業の必要性や内容等を説明するのに対して、住民投票運動を主導する人たちは主に情緒や

感性に訴える手法で住民に働きかけた。マスコミが報道した内容の多くは市民団体が導く住民側の情報であった。

　マスコミ報道の多くは行政批判・住民支持の内容であり、情報の多くを新聞やテレビなどのマスコミに頼る住民には、次第に行政対住民の対立の構図が描かれていったと考えられる。この対立の構図が声なき大多数の住民（Silent Majority）に影響を与えて、「9割が反対」という数字をもたらした一因であると考えられる。マスコミは行政の権力を批判するが、マスコミという「反権力」が世論を動かす大きな力であることを示している。

③世論に左右される公共事業

　建設省は、審議委員会の意見を受けて、第十堰改築事業を推進する方針を示し、当初は広範囲にわたる流域住民の安全と生活の確保は行政の責務であり、本事業への住民投票はなじまないと主張していた。しかし、直接請求による住民投票条例案が徳島市議会と藍住町議会で否決され、マスコミにより行政批判・住民支持の報道がなされた頃から、建設省はコミュニケーション型行政を打ち出し、住民との対話路線に向かうようになった。しかも、東京の荒川や多摩川での市民対話の方法を徳島に持ち込んで、住民との対話により川づくりを進めて行こうとした。建設省は行政対住民の対立を避け、事業に反対する住民と賛成する住民の調整役になることをめざしたと考えられる。このことは、事業に反対する住民だけでなく、それまで建設省とともに事業の推進に努力していた人々にも違和感を与えたことであろう。

　また、建設大臣は「住民投票で反対が過半数を超えたら、計画は直ちに中止」と発言し、その後撤回したり、徳島市長は当初住民投票の実施は不要であるとしていたが、住民投票が現実化すると第十堰改築促進の旗振り役を降り、住民投票直前には住民投票の結果を尊重すると言うまでになった。

　建設省は河川管理者であり、今さら河川事業の実施に賛成する住民と反対する住民の調整役にはなり得ない。それにもかかわらず調整役を装うのは、河川管理者としての責任を放棄していると見られかねない。また、住民投票を前にして、政治家が自らの態度を変えてきたことは住民の政治不信を拡大させることになった。このように第十堰改築事業の推進に関わる主体が住民

投票によりぶれたことも「9割が反対」という結論に影響を与えたと考えられる。

建設省は、住民投票前には第十堰改築事業に住民投票はなじまないとし、住民投票直後には徳島市の住民投票の結果は流域自治体の一意見としていたが、実際には徳島市民の住民投票の結果により、事業は白紙撤回となった。「9割が反対」という数字が政策を決めた。これにより、第十堰の堰改築を望んでいた少数の地元の住民の意見は封殺されることになった。多数の地元の人々が望まない事業を行うことはできないという理屈は一見もっともらしく聞こえるが、流域の人々の生命と財産を守るために第十堰改築事業は必要であると主張して推進してきた建設省の論理は何だったのか、公共の役割とは何かを考えざるを得ない。

「9割が反対」という数字は第十堰改築事業を止めるだけでなく、住民が反対すれば公共事業は止まるというメッセージを世の中に与えることになった。このことが、平成12年（2000）8月の与党3党による公共事業の抜本的見直しにつながり、その後の公共事業全般に大きな影響を与えることになった。また、平成9年（1997）の河川法改正により導入された河川整備計画への住民意見の反映のあり方を考える上でも大きな影響を及ぼすことになった。

河川整備計画の作成にあたって各地で学識経験者や住民の意見を聴く場として流域委員会が設置されたが、平成13年（2001）に設置された淀川水系流域委員会では、一般公募の委員枠を設けるとともに、事務局を民間機関に委託するなど新たな運営方法を採用し、住民参加のモデルとして「淀川方式」と呼ばれるほど注目された。ところが、淀川水系流域委員会は地域別部会、テーマ別部会を含めて約6年間に延べ500回以上の審議を行い、膨大な時間と多額の費用を費やしたが、流域委員会の提言と国土交通省の方針が対立するなどして、社会資本整備における住民参加のあり方を問題提起することになった。

4. 効率重視の社会資本整備

　平成13年（2001）に発足した小泉内閣の構造改革以降、道路関係四公団の民営化や道路特定財源の見直し等をめぐる議論が活発になる中で、社会資本整備に効率性を求める考え方が特に強くなってきた。

4-1 道路整備をめぐる効率重視の流れ

①「骨太の方針」と「改革と展望」

　平成13年（2001）6月に閣議決定された「今後の経済財政運営及び経済社会の構造改革に関する基本方針」（「骨太の方針」）は、日本経済の再生のためには市場と競争が重視されるべきであり、市場の障害物や成長を抑制するものを取り除く必要があるとして構造改革を進めると述べている。その上で、公共投資の問題点として、分野別の配分の硬直性や、受益者の費用負担が少ないことによる依存体質の生成、国民経済に占める公共投資規模の割合の高さなどをあげ、明確なビジョンに基づき、公共投資の硬直性を打破し、国民生活や経済活動の基礎となる効果の大きい社会資本を最も効率的に整備する仕組みを確立することが必要であると明記されている。このため、具体的には、道路特定財源の見直し、長期計画の目標におけるアウトカム指標の重視、費用対効果の観点からの大規模公共事業の検証、特殊法人が借入金で実施する公共事業の採算性の検証等があげられている。

　また、平成14年（2002）1月に閣議決定された「構造改革と経済財政の中期展望」（「改革と展望」）は、「骨太の方針」を基礎としつつ、平成14年度〜18年度（2002〜2006）の5年間の構造改革を中心とした経済財政運営の考え方を示しており、社会資本整備のあり方については、真に必要性の高い公共事業を選択し、最も効率的に整備する仕組みを確立することに加えて、欧米諸国に比べて国民経済に占める割合が高い公共投資規模の見直し、道路特定財源の見直し等が記されている。このための施策として、公共投資の配分の重点化、公共投資の効率化、PFIの活用、特殊法人が行う公共事業の見直し、公共事業関係長期計画の見直しや公共投資基本計画の廃止等が盛り込まれ

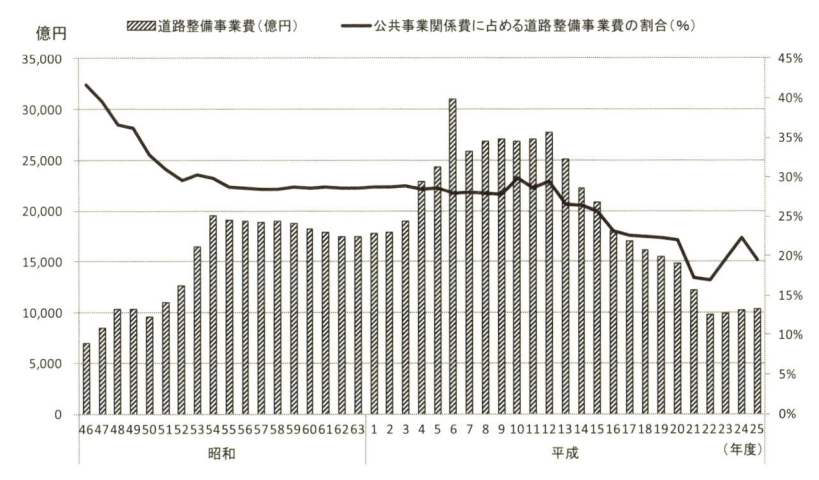

図3-5 道路整備事業費と公共事業関係費に占める道路整備事業費の割合
資料：財務省資料より作成
注：一般会計当初予算である。

ている。

「骨太の方針」と「改革と展望」に示された社会資本整備に関する考え方により、2000年代以降、社会資本整備には効率性が求められ、公共投資は削減されてきたが、その中でも特に道路整備費は大幅に削減されてきた（図3-5）。国の一般会計当初予算における道路整備事業費は、平成12年度（2000）の2兆6,767億円から小泉内閣の最終年度の平成18年度（2006）には1兆6,105億円に減少し、さらに平成22年度（2010）には9,822億円にまで減少した。公共事業関係費に占める道路整備事業費の割合も平成12年度（2000）の29.4％から平成18年度（2006）には22.4％に、平成22年度（2010）には17.0％にまで低下した。

小泉構造改革は多くの国民の支持により実施されてきたが、以下では道路関係四公団の民営化と道路特定財源制度の見直しを通して、効率重視の社会資本整備が追求される背景を見ることにする。

②道路関係四公団の民営化

「骨太の方針」や「改革と展望」で示された特殊法人改革は、事業費が多

い日本道路公団などの道路関係四公団の改革に焦点があたった。それまでの道路公団による建設方式は、国の一方的な命令により、借入れと国費を投入して高速道路建設が進められるため、不採算路線が建設される、建設コストが割高であるなどの批判があった。このため、小泉首相は平成13年（2001）10月に、高速道路建設への国費投入の削減と高速道路建設債務の償還期間の短縮をめざして、国土交通省に検討を指示した。同月、国土交通省は「高速自動車国道の償還見通しの試算について」を公表し、小泉首相が示した国費不投入、償還期間30年では今後の高速道路の建設を行うことができないという試算結果を示した。小泉首相と自民党との調整を経て、平成13年（2001）12月に「特殊法人等整理合理化計画」が閣議決定され、道路関係四公団の民営化を検討する第三者機関を設置すること、日本道路公団への国費投入を平成14年度（2002）から中止すること、償還期間は50年を上限とすること等が決められた。これは、小泉首相側が償還期間を30年に短縮することを譲歩する代わりに国費投入を中止させ、自民党側は国費投入の中止を受け入れつつ償還期間を50年として実質的に高速道路を建設できる道を勝ち取ったという妥協策であったと言われている。[8]

　平成14年（2002）6月に道路関係四公団民営化推進委員会が設置され、新会社設立後の新たな道路建設をめぐって推進派と慎重派の議論が繰り広げられ、委員長が辞任するなどしたが、結果として多数決により同年12月に委員会の意見書が提出された。この意見書では、今後の道路建設について、新会社は自主的に新規建設への参画を決定すること、新会社の採算を超える建設投資は国と地方公共団体等の費用負担を前提とした新たな制度により対応すること、新会社が行う道路建設等の資金は自ら調達し財投資金の活用は認めないことなどが示された。

　これを受けて、国土交通省と四公団で道路公団民営化の検討が行われ、平成15年（2003）12月に政府・与党申し合わせ「道路関係四公団民営化の基本的枠組み」を経て、道路関係四公団の機能を、道路資産の保有・債務返済という下部構造と、道路建設・管理・料金徴収という上部構造の2つに分割し、償還期間を45年以内とすることを柱とする道路関係四公団民営化関係四法が平成16年（2004）6月に成立し、平成17年（2005）10月に道路関係四公団は

表3-4 道路関係四公団民営化への流れ

年月	事項
平成13年10月	・小泉首相、高速道路建設への国費投入の削減と高速道路建設債務の償還期間の短縮をめざして、国土交通省に検討を指示 ・国土交通省が「高速自動車国道の償還見通しの試算について」を公表
平成13年12月	・「特殊法人等整理合理化計画」閣議決定
平成14年6月	・「道路関係四公団民営化推進委員会」設置
平成14年12月	・道路関係四公団民営化推進委員会が意見書を提出
平成15年12月	・政府・与党が「道路関係四公団民営化の基本的枠組み」を申し合わせ
平成16年6月	・道路関係四公団民営化関係四法の制定
平成17年10月	・道路関係四公団の分割・民営化

独立行政法人日本高速道路保有・債務返済機構と6つの新会社に分割・民営化された(表3-4)。

民営化推進委員会の意見書で示されていた新会社の採算を超える建設投資については、平成15年(2003)12月の政府・与党申し合わせで、必要な道路を早期に建設するとの方針のもと、新直轄方式の導入を決めた。新直轄方式は、高速道路会社によらずに国と地方が負担割合3対1で高速自動車国道を整備する新たな直轄事業で、具体的な路線と事業費の決定は国土開発幹線自動車建設会議(以下、「国幹会議」)に委ねられた。平成15年(2003)12月の第1回国幹会議では延長699kmが、平成18年(2006)2月の第2回国幹会議では延長123kmが新直轄方式で整備されることが決定された。なお、新直轄方式では、国と地方の負担割合が3対1であるが、地方は負担分のうち9割の起債措置が認められ、後に地方交付税交付金で補填されることになっている。

小泉首相の道路公団の民営化の狙いは、地方で建設される不採算路線に国費を投入させないことであったが、これに対して、自民党や国土交通省は地方自治体からの要望を背景に新直轄方式という新たな道路整備の手法を編み出した。高速道路会社が採算上整備できない高速自動車国道を新直轄方式により国と地方の負担で整備することは、政官財の利権構造や財政悪化の観点などから地方に無駄な道路整備を行うものだという見方がある一方で、地方の要望に応えて高速道路ネットワークを早期に形成することに貢献するものだという見方もある。公共事業批判を背景にして道路関係四公団の民営化を通じて国費投入を削減しようとする勢力と、民営化により地方での高速道

路建設が一層困難になることを懸念して新直轄方式により事業を推進する勢力の戦いと見ることもできる。

③道路特定財源制度の見直し

「骨太の方針」で示されたことを契機に、道路特定財源の見直しに関する議論が行われるようになったが、小泉内閣では道路特定財源の見直しは実現されなかった。しかし、小泉構造改革により道路歳出が抑制されたことなどから、平成19年度（2007）には特定財源税収が歳出を大幅に上回ることが見込まれるようになったため、平成17年（2005）12月に政府・与党は「道路特定財源の見直しに関する基本方針」に合意し、特定財源制度については一般財源化を図ることを前提にして納税者の理解が得られる具体案を翌年に得るという考え方を示した。平成18年（2006）12月に閣議決定された「道路特定財源の見直しに関する具体案」では、真に必要な道路整備を計画的に進めることとし、平成19年（2007）中に今後の具体的な道路整備の姿を示した中期的な計画を作成することとされた。平成19年（2007）11月に作成された「道路の中期計画（素案）」では、平成20年度～29年度（2008～2017）の10年間に事業量65兆円（このほかに道路関連施策3兆円以上）としていたが、平成19年（2007）12月に政府・与党で合意された「道路特定財源の見直しについて」では中期計画の事業量は59兆円を上回らないものとするとされた。しかし、10年間で59兆円という中期計画については、事業量が個別事業の積み上げによらず根拠が曖昧である、交通需要推計に最新のデータではなく過去の過大なデータを用いていることなどの指摘がなされた。

平成20年（2008）3月に福田首相は道路特定財源の一般財源化方針を表明し、同年5月に閣議決定された「道路特定財源等に関する基本方針」では、道路特定財源制度はこの年の税制抜本改革時に廃止し、平成21年度（2009）から一般財源化することに加えて、道路の中期計画は5年とし、最新の需要推計などを基礎に、新たな整備計画を策定することなどが示された。これを受けて、同年12月に政府・与党で「道路特定財源の一般財源化等について」が合意された。この中では、道路特定財源制度の廃止に伴い、新たな中期計画は、道路のみ事業費を閣議決定している仕組みを改め、他の公共事業の計

表3-5 道路特定財源の見直しに関する流れ

年月	事項
平成17年12月	・政府・与党が「道路特定財源の見直しに関する基本方針」に合意
平成18年12月	・「道路特定財源の見直しに関する具体案」閣議決定
平成19年11月	・「道路の中期計画（素案）」作成
平成19年12月	・政府・与党が「道路特定財源の見直しについて」に合意
平成20年3月	・福田首相、道路特定財源の一般財源化方針を表明
平成20年5月	・「道路特定財源等に関する基本方針」閣議決定
平成20年12月	・政府・与党が「道路特定財源の一般財源化等について」に合意 ・「新たな中期計画」とりまとめ

画と同様に、計画内容を「事業費」から「達成される成果」（アウトカム目標）へと転換すること、他の社会資本整備との連携を図り社会資本整備重点計画と一体化することが示された。また、今後の道路整備にあたっては、最新のデータに基づく交通需要推計結果をもとに見直した評価手法を用いて、厳格な評価を行うこととされた。

　この政府・与党合意に即して、平成20年（2008）12月に平成20年度（2008）から5年間を計画期間とする「新たな中期計画」がとりまとめられた（表3-5）。この中で、政府・与党の合意のとおり、今後の道路整備にあたっては、最新のデータに基づく交通需要推計結果をもとに見直した評価手法を用いて、事業評価を厳格に実施すること、既存計画どおりの整備では費用に比してその効果が小さいと判断される場合には、現道の活用、徹底したコスト縮減を図るなど抜本的な見直しを行うことなどが示された。

　このように道路特定財源制度が廃止される過程で、事業量や事業内容が厳しく見直され、道路関係費が削減されるとともに、マスコミ報道の主流は無駄を省き、効率を重視せよという論調になった。熊しか通らない道をつくってどうするのか、ゼネコンを儲けさせ政治家が献金を受けるために道をつくっている、もう日本国中に道路は整備されていて地方に道路は必要ない、そのお金があるなら都会の道路の混雑緩和に役立てるべきだなどという報道が続くことになった。一般の住民は多くの情報をマスコミを通じて入手するため、こうしたマスコミ報道により世論は誘導されることになり、その結果、少ない費用でできるだけ多くの効果が上がることが良いこととされ、費用対

4-2 費用便益比（B/C）による道路整備

①直轄国道の工事の一時凍結

平成20年（2008）12月の政府・与党合意や「新たな中期計画」には、今後

表3-6 工事一時凍結の直轄国道18箇所

No.	事業主体	事業名	実施箇所	延長(km)	全体事業費(億円)	計画交通量(台／日)	B/C
1	北海道開発局	国道230号　国縫道路	北海道	14.9	48	2,700	1.0
2	〃	国道232号　天塩バイパス	〃	8.0	53	2,600	1.0
3	〃	国道278号　鹿部道路	〃	7.7	66	3,600	1.0
4	東北地方整備局	国道106号　都南川目道路	岩手県	6.0	300	8,100	1.0
5	関東地方整備局	国道17号　綾戸バイパス	群馬県	2.3	164	17,600～17,900	0.9
6	北陸地方整備局	国道17号　浦佐バイパス	新潟県	6.6	221	9,700	0.9
7	〃	国道113号　鷹ノ巣道路	〃	5.0	170	7,300	0.6
8	〃	国道148号　小谷道路	長野県	4.6	225	4,900	0.8
9	中国地方整備局	国道54号　三刀屋拡幅	島根県	4.1	156	5,300～17,000	0.9
10	〃	国道185号　安芸津バイパス	広島県	6.1	270	7,700～8,900	0.8
11	四国地方整備局	国道440号　地芳道路	愛媛県 高知県	8.9	466	1,000	0.5
12	〃	高知東部自動車道 国道55号　高知南国道路	高知県	15.0	1300	17,600	0.9
13	九州地方整備局	国道220号　青島～日南改良	宮崎県	23.5	586	4,700～5,100	0.6
14	〃	国道220号　早崎改良	鹿児島県	5.2	321	11,600～12,600	0.9
15	〃	国道220号　川辺改良	〃	8.3	157	4,600～9,100	0.9
16	沖縄総合事務局	国道329号　与那原バイパス	沖縄県	4.2	580	28,900	0.9
17	〃	国道329号　南風原バイパス	〃	2.8	600	25,400	0.8
18	〃	国道331号　中山改良	〃	2.1	85	5,700	0.7

資料：国土交通省道路局資料（平成21年3月）より作成

の道路整備にあたり、最新のデータに基づく交通需要推計をもとに見直した評価方法を用いて事業評価を厳格に実施することが示されたが、それに基づいて国土交通省は平成21年（2009）3月に平成21年度事業実施予定の高規格幹線道路及び直轄事業等について費用便益比（B/C）の点検結果を公表した。これによると、点検した617事業のうち、18事業はB/Cが1以下、つまり費用を上回る効果が見込めなくなったために、事業実施を当面見合わせることとし、速やかにコスト縮減など事業内容の見直し等の検討を行い、再評価を実施して事業継続の可否を決定するとした（表3-6）。

B/Cが1以下のために工事が一時凍結された18事業はいずれも地方の道路事業である。このため、この点検結果について、凍結対象となった事業に関係する地方自治体の首長や議会などからは批判が起こるとともに、地元の新聞社は直轄国道の工事一時凍結を批判する社説を掲げた。また、地方からは道路整備による地域への間接効果計測の提案や地域の実情を反映した事業評価を求める意見なども出された。例えば、高知東部自動車道高知南国道路と国道440号地芳道路の事業執行が凍結された高知県では、平成21年（2009）5月に高知市で県知事、県関係の国会議員、県内市町村長などが参加して道路整備促進のための大会を開催し、両道路の凍結の早期解除を求めるとともに、地域の実情や道路の持つ多様な効果を事業評価に反映することを重視する決議を行うなどした。さらに自民党道路調査会も6月に国土交通大臣に凍結解除を求める決議を提出した。

国土交通省では、18事業について各地方整備局の事業評価監視委員会で7月までに再評価を行った。この結果、17事業については、工法や設計を見直すなどしてコストを縮減したり、災害時や救急時の効果を加味したり、道路を完成しないことによる投資の無駄などのマイナス面を考慮するなどして工事を再開させることとした（図3-6）。

3月に直轄国道18事業の一時凍結を決めて7月に17事業の再開を決定するという動きについて、8月に実施予定の総選挙前の茶番劇だという批判もあったが、「骨太の方針」以来の道路整備をめぐる効率重視の流れの中で、道路整備の政策判断をB/Cという指標に委ねることを示した象徴的な出来事であり、多くの国民に効率や費用対効果が政策判断にとって重要であることを印

図3-6 工事一時凍結の直轄国道の再評価結果
（平成21年7月の状況）

象づける結果となった。

②費用便益比（B/C）という指標

　費用便益分析は、ある事業の費用と便益を比率で表し、事業の効率性を示す1つの手法である。費用と便益を計算して投資効率を示す手法は比較しやすく、結果が数字で示されるため、一般の人々にとっては分かりやすく、複数の事業の間での優先順位付けや議会での説明時にも一定の説得性を持ち得ると考えられる。しかし、そもそもその手法は、数字に表せない大切なものは評価せずに、計測可能な項目だけを設定して、一定の条件のもとで数値化して比較しているにすぎないのである。

　現行の道路投資の費用便益分析では、道路の整備が行われる場合と行われない場合について、50年間の便益と費用を算定して、道路整備に伴う便益の増分と費用の増分を比較して評価を行っている。[9)] この際、便益の算定に当たっては、交通流の推計結果をもとに、道路整備による効果の中で計測可

能な3つの項目（走行時間短縮便益、走行経費減少便益、交通事故減少便益）だけを取り上げている。また、費用については、道路整備に要する事業費と道路維持管理に要する費用の合計である。

　このため、B/Cの値は、例えば分子B（便益）の算定方法や算定項目を変えたり、あるいは分母C（費用）の事業費を変化させたりすることにより変化する。B/Cの値は一定の条件の下での限られた範囲内での計算結果にすぎないということに留意する必要がある。しかし、それにもかかわらず、B/Cがあらゆる価値に優先する指標として扱われるようになってきている。[10]

　効率重視の考え方自体は悪いものではない。限られた予算を有効に使うことは重要である。しかし、限られた条件のもとで計測された投資効率だけに基づいて政策判断が行われ、B/Cが1以下だから地方の道路事業を凍結するという論理には、あるべき国づくりのために社会資本整備を進めるという推進主体としての意思が認められない。

　地方の道路やダム建設などの社会資本整備は、財政の逼迫、行政不信、環境意識の高まりなどの状況下で、無駄遣いの象徴として世論の批判にさらされ、人々には公共事業＝悪というイメージが刷り込まれていった。こうした中で、推進主体の行政が国民やマスコミの批判を避けるために、誰にも分かりやすい効率や数字で社会資本整備の進め方について理解を得たいと考えたのであれば、もう一度、何のために社会資本整備をするのかを考える必要がある。政策判断を効率や数字に委ねる背景には、国づくりをどうするのかということではなく、推進主体の組織維持を最優先にする考え方があるとさえ考えられる。

　経済効率性や需要に重きを置いた社会資本整備の考え方に基づくと、概して人口が多く需要が多い大都市では投資効率が高いため社会資本整備が進むが、人口が少なく需要が少ない地方では社会資本整備が進まないことになる。本来、社会資本の整備は効率の視点だけで考えられるべきものではない。社会資本整備は地域づくりの基本であり、人間生活と産業・経済の基盤づくりである。人口が少ない、需要がないから地方の道路・河川等に投資をしないとすれば、ますます地方の地域づくりの基盤は脆弱になり、過疎化が進行して、大都市への人口や産業機能等の集中をますます加速させることになる。

平成23年（2011）の東日本大震災では、部分的に供用されていた三陸自動車道が避難や復旧・復興に役立った。東北地方整備局では、東北自動車道や国道4号を主軸として、そこから三陸に向かう道路を活用して「くしの歯」作戦により被災地の復旧・復興を進めていたが、もしも三陸自動車道が全線開通していたら、道路ネットワークにより三陸地方の避難や復旧・復興にもっと貢献できていたであろうと考えられる。

　これに対して、震災から数日後に、JR貨物が横浜から新潟、秋田経由で盛岡に救援物資を大量に輸送できるようになったのは、象徴的であった。不通となったJR東北線や東北自動車道などの動脈に代わり、明治以来形成されてきた鉄道ネットワークが機能して、震災後の東北の人々を救うのに役立ったのである。社会資本整備は、長期的な視点で考えられなければならないことを示している。

　2000年代以降、公共事業批判や効率重視の考え方等を背景として、特に地方の道路整備は推進しにくい状況となってきた。熊しか通らない道をつくってどうするのか、地方の道路整備をするよりも都心の混雑緩和を優先すべきだ、地方の道路はもう十分であり、そのお金があるなら教育・福祉に回すべきだ、と言われてきた。役所はマスコミ世論に押されて、B/Cを一つの拠り所として道路整備を進めるようになったため、地方の道路整備はますます進めにくい状況になった。地方では、都会に比べて人口も交通量も少なく、B/Cの値が概して低いためである。この効率性重視の考え方を、もう一度考え直す必要がある。無駄はなくさなければいけない。しかし、現状ではたとえ投資効率が低くても、将来国や地域を発展させる可能性のある事業に投資をすることに、公共投資の役割がある。

5. 今日の社会資本整備の課題と国づくりの思想

5-1 今日の社会資本整備の課題

①国づくりの思想の希薄化

　第1章の社会資本整備の歴史的考察の中で、社会資本整備は統治の思想、発展の思想、利他の思想により行われてきたことを示した。これらの思想のもと社会資本整備が進められ、その基盤のもとに日本は経済発展や社会の安定を実現してきた。

　しかし、1990年代以降、アメリカからの要求により社会資本整備を進めて国・地方自治体の財政悪化を招いたり、地域間の所得再分配や地方の雇用確保のために社会資本整備が行われたり、社会資本整備の政策判断が世論の動向に左右されたり、組織の維持を優先した効率重視の社会資本整備が行われるなどしてきた。これは社会資本整備の推進主体に国づくりの思想が希薄化してきていることを示していると考えられる。

②推進主体の主体性

　長良川河口堰問題で公共事業の客観性・透明性の必要を学んだ建設省は、吉野川第十堰改築事業等に関して設置したダム等事業審議委員会を通じてさらに住民参加の重要性を学んだ。このため、平成9年（1997）の河川法改正では河川整備に住民意見を反映させる仕組みをつくり、平成11年（1999）には河川行政だけでなく建設省全体がコミュニケーション型行政を掲げるようになった。

　推進主体の計画に住民意見を反映させることは、社会資本整備の執行や事業後の効果発現等の面で重要であると考えられるが、一部には住民参加により膨大な時間と多額の費用を費やして議論したものの、方向性が定まらないというような状況も見受けられる。最終的な政策判断の責任は住民ではなく、行政が負うのである。社会資本整備のリーダーとしての行政の主体性が求められている。

③国民の支持

　前述のとおり社会資本整備を進めるためには、推進主体の意思とともに、推進主体への支持が重要であるが、1990年代以降、マスコミ等を通じた公共事業批判の中で、社会資本整備の推進主体に対する国民の信頼は低下してきた。批判の背景には、公共事業をめぐる政官財の利権構造、外圧により増大した公共投資による多額の借金と国・地方自治体の財政悪化、公共事業による自然環境の破壊、公共事業に限らず行政一般への不信・不満などがある。

　また、社会資本整備が地域づくりと連携せずに行われ、整備された社会資本が十分に活用されないことや、都市住民からは効率が低い地方の社会資本整備を行うことへの批判がある一方で、地方に住む人からは地方で社会資本整備を行わないことに対する不満なども、国民の支持が得られなくなってきた要因であると考えられる。

5-2 国づくりの思想の重要性

　前述のとおり社会資本整備推進の要件として①推進主体の意思、②推進主体への支持、③社会の安定、④制度、⑤資金、⑥技術革新をあげたが、1990年代以降は、政治や社会が不安定になる（要件③）とともに、国や地方自治体の財政が逼迫して資金面で厳しくなってきたこと（要件⑤）などにより、社会資本整備に関する国民の支持（要件②）が得られにくくなってきた。こうした中で、社会資本整備を進める上で最も重要な、推進主体の国づくりに向けての意思（要件①）が希薄化してきている。「統治の思想」、「発展の思想」、「利他の思想」の希薄化である。

　社会資本整備の政策判断が世論や住民投票の結果などによって左右されるようになってきたことは、「統治の思想」の希薄化を示している。あるべき国の姿をめざして計画されていた社会資本整備がさまざまな外的な条件変化により実現されないことはあると考えられるが、これまでの歴史の中でも推進主体は工夫や努力を重ねて障害を克服してきた。もっぱら世論の動向などにより自らの意思を通すことができないのであれば、国を治めることは難しくなる。

また、今日は社会資本整備について効率重視の考え方が強まり、「発展の思想」が希薄化している。無駄を省き、効率を重視するという考え方は重要であるが、その考え方だけでは、内向きの縮み志向の将来の日本の姿を描くことはできても、日本が大きく発展するような姿を描くことは難しい。社会資本整備が効率重視で行われることは、概して人口が多く需要が多い大都市では投資効率が高いため社会資本整備が進むが、人口が少なく需要が少ない地方では社会資本整備が進まないことを意味するが、このことは地方部の発展の可能性を阻害し、日本全体の国力の低下をもたらすことになる。

さらに、公共事業批判の中で、利権をめぐる政官財の癒着や汚職、天下りなどが指摘されたり、国づくりのためではなく組織維持のために社会資本整備が行われているのではないかとの疑念も持たれている。こうしたことがたとえ一部であるとしても、国民には社会資本整備を世のため人のために行うという「利他の思想」が希薄化していると映り、社会資本整備に関する国民の支持を失わせ、必要な社会資本整備を行うことを難しくさせている。

歴史的に見てきたように、古代からの社会資本整備の積み重ねが今日の日本の経済や社会の発展の基礎にある。社会資本整備の推進主体は、これまで先人が基礎としてきた

1) 統治の思想（国家統一のため、国や地域を治めるための社会資本整備）
2) 発展の思想（国や地域を豊かにするための社会資本整備）
3) 利他の思想（世のため人のための社会資本整備）

に学び、あるべき国の姿に向けて社会資本整備を行う必要がある。

5-3 社会資本整備を国づくりに活かすための要点

今日の社会資本整備の課題を踏まえて、社会資本整備を国づくりに活かす上での要点を整理すると、以下のとおりである。

①新たな国づくりのための社会資本整備という認識

社会資本整備は何のために行うのか。社会資本整備の目的は、あるべき国の姿をめざして、国民生活や経済・産業活動に必要な基盤をつくることであ

る。明治以来140年以上かかって今日の国の形がつくられてきたが、日本の国土・国民の潜在的な力を発揮させて国をさらに発展させるためには、これまでとは違う形で新しい国づくりの基盤となる社会資本整備を進めて行く必要がある。

　新たな国づくりのために社会資本整備を行う際に、効率の良い事業だけではなく、現状の評価方法では効率は良くないが、将来の国の姿を考えた時には行わなければいけない事業もあると考えられる。民間ではできないが、国づくりにとって重要な事業を行うことにこそ、公共投資の意義がある。このため、新たな国づくりのために社会資本整備を総合的・長期的視点で実施することについて、社会資本整備の推進主体だけではなく、国民全体で認識を共有する必要がある。

　その中で社会資本整備の推進主体としての行政の役割は重要である。社会資本整備を総合的に判断できる主体は行政以外にはあり得ない。行政は社会資本整備のリーダーである。たとえ一部の国民やマスコミ等が公共事業批判をしたとしても、あるべき国の姿を描くために社会資本整備を進めることは「公」の役割である。行政には、自信を持って、あるべき国の姿を実現するために社会資本整備を進めることが求められている。そのことが、行政に対する国民の信頼を高めることにもつながると考えられる。

　今、社会資本整備の推進主体である行政に求められているのは、これまで日本の社会資本整備を進めてきた統治の思想、発展の思想、利他の思想に学んだ上で、「日本の国をこうしたい、だから社会資本整備をする」という熱い思いを国民に示すことであると考える。

②社会資本整備を国づくりに活かすための連携・調整

　社会資本整備を国づくりに活かすためには、中央政府と地方の役割を考えることも重要である。中央政府は国全体の利益を考えて、全国的あるいは国際的な事業を含めて国益を増大させるような大規模で広域的な社会資本整備に向けて公共投資を行い、地域の発展に役立つような社会資本整備については、地域の事情に精通した地方に任せることが基本である。中央集権制による弊害を強調するあまり、中央政府を弱体化させ地方の力を強化せよとの主

3.5 今日の社会資本整備の課題と国づくりの思想

張もあるが、中央政府の弱体化が日本の国益を低下させてはならない。日本の国を発展させるために、中央集権制を維持することは重要である。公共投資のうち国の根幹に関わる内容や広域的な内容について中央政府が権限を持ち、地域に密着した内容については地方に任せることにより、役割分担を図りながら、公共投資を国づくりや地域づくりに活かすための仕組みが必要である。

その上で、役所間や国と地方間の連携を図ることが重要である。社会資本整備については、つくった社会資本が十分に活用されず無駄にされているという国民の批判があるが、この背景には、縦割り行政の弊害により役所間の連携が十分でないために、道路整備を行っても空港や港湾と接続ができていないとか、道路が整備されたのに土地利用が放置されたままになっているなどの事情がある。また、国の全国一律の考え方が、地方の実情に合わないため、折角の社会資本整備が地域づくりのために十分に活用されていない場合もある。このため、役所間や国と地方間の連携を図るなどして、社会資本整備を地域に活かすための取り組みを進める必要がある。

例えば、道路整備と沿線地域の土地利用について見ると、現状では、基本的に道路整備は道路行政が行い、IC周辺等沿線地域の土地利用については地元自治体等が主導している。地元自治体や住民が地域づくりの主体となることは当然であるが、地元自治体が道路整備を活かして沿線地域の土地利用の高度化等を推進する際に、市街化調整区域や農業振興地域農用地区域などの法的規制への対応に苦慮しており、道路行政に支援を求めている場合が見受けられる。沿線地域の土地利用は道路の有効活用にとっても重要であることから、道路整備を活かした地域づくりに向けて、道路行政としても沿線地域の土地利用に関わり、地元自治体等の地域づくりを支援することが重要である。道路は道路だけで存在するのではなく、地域との関わりの中で存在している。このため、道路整備の推進主体には、道路を整備することだけではなく、沿線地域との関わりをも重視することが求められている。こうした考え方が、多くの国民の共感を得て道路整備を進めることにもつながると考えられる。

役所や分野ごとの守備範囲にとらわれるために、あるべき国づくりを実現

できないという事情があるとすれば、役所間や分野間を調整する機能を発揮させて、あるべき国づくりを実現するための仕組みを作る必要がある。

③社会資本整備への国民の共感

　社会資本整備を国づくりに活かすためには国民の支持が必要であるが、現状では推進主体に対する国民の支持は必ずしも十分には得られていない状況にある。明治以降、国が制度を整え社会資本整備を推進する過程で、行政組織が肥大化するとともに、それぞれの分野に関係する役所・企業・大学・調査研究機関等で構成するグループも拡大してきた。当初は国づくりのために行われていた事業が、行政やそのグループの維持・発展のために行われるようになった面もあり、社会資本整備への国民の支持を減退させる一因となっている。公共事業批判がマスコミを通じて国民に浸透しているため、国民の共感を得ることは容易なことではないが、国の指導者である政治家や官僚は、あるべき国の姿を実現するために必要な公共投資を行うための戦略を考え、国民の共感を得るための努力をする必要がある。国づくりの基盤をつくるのが公共投資であり、公共投資を怠ることは日本の国力を衰退させることになることを国民に伝え、理解してもらうことが重要である。

　国民に社会資本整備の意義を理解してもらうためには、まず、過去からの社会資本整備が今日の日本の形成にどのように役立ってきたのか、どのような思想のもとにどのような主体が社会資本整備を推進してきたのかなどについて、人々に受け入れやすいように工夫して、学校教育や社会教育などで伝えていくことが重要であると考えられる。例えば、社会資本整備に尽くした人に焦点を当てて、物語として社会資本整備の意義を伝えていくことも考えられる。社会資本整備をめぐって行政と住民が対立するのではなく、お互いが国づくりのため、地域づくりのために協力していくことが重要である。社会資本整備に尽くした人の話を学校教育などを通じて伝えていくだけではなく、地域の住民自らが各地に埋もれた国づくりの偉人を発掘して学ぶことは、住民が社会資本整備の意義を認識する上で一層重要であると考えられる。

　また、地域の住民の意見を聞き、住民の意見を事業に反映させるための努力をすることも重要である。地域のことは行政よりも地域の住民の方がより

多くのことを知っており、世の中の役に立ちたいという意欲を持った地域の人も多い。そうした住民の知恵や意欲を社会資本整備に活かすことは、社会資本整備への国民の支持を得る上でも重要である。しかし、住民が事業の計画づくりや事業の実施に参加する手法は限定される。地域的範囲が限定された一定の条件の下では、行政が住民とともに社会資本整備やそれを活用した地域づくりに一緒に取り組むこともできると考えられるが、大規模で広範囲にわたり、しかも高度に専門的な知識や技術を要する社会資本整備については、行政が社会資本整備やそれを活用した地域づくりについて、住民の支持を得ながら主導的に行う必要がある。このため、行政があるべき国の姿を示し、国づくりのために社会資本整備を主導的に推進することについて多くの国民の理解を得ることができるように知恵を出していくことが重要である。

<注>
1) スティーヴン・シュロスタイン（植山周一郎訳）「エンド・オブ・アメリカ（上）」5頁
2) スティーヴン・シュロスタイン（植山周一郎訳）「エンド・オブ・アメリカ（上）」5頁
3) 経済企画庁「公共投資基本計画」11-12頁及び16頁
4) 奥野信宏「地域は『自立』できるか」48-51頁
5) 21世紀環境委員会「巨大公共事業」2-11頁
6) 五十嵐敬喜・小川明雄「公共事業をどうするか」10頁
7) 井堀利宏「公共事業の正しい考え方」20頁及び54-60頁
8) 武藤博巳「道路行政」70頁
9) 国土交通省道路局、都市・地域整備局「費用便益分析マニュアル」1-19頁
10) 大石久和「国土と日本人」201-202頁

第4章

これまでの国づくりと
新たな国づくり

1990年代以降、社会資本整備に国づくりの思想が希薄化しており、先人が基礎としていた統治の思想、発展の思想、利他の思想に学び、あるべき国の姿に向けて社会資本整備を行う必要がある。それでは、日本のあるべき国の姿とは何か。

まず、戦後の国土計画がどのような考え方で行われてきたのか見ることにする。

1. 大都市圏への集中と国土の均衡ある発展

1-1 戦後の国土計画の流れ

昭和25年（1950）に国土総合開発法が制定されたが、これは全国21の特定地域でダム開発を含む河川総合開発などの特定地域総合開発計画を実施するために制定されたもので、当初は全国総合開発計画の策定を意図してはいなかった。

昭和36年（1961）に国民所得倍増計画が発表され、工業先進地域である太平洋ベルト地帯に社会資本を重点的に整備することによって、民間経済の成長を誘導し、日本全体の経済成長を牽引させる計画が進められた。これに対して、太平洋ベルト地帯以外の地域から反発が出て、池田内閣は後進地域の開発促進を図るため、昭和37年（1962）に全国総合開発計画（以下、「一全総」）を策定した。この計画では、「地域間の均衡ある発展」を基本目標に掲げ、大都市の過密の解消と地域格差の拡大の防止のため、全国を過密地域、整備地域、開発地域に区分して、それぞれ地域別に開発政策の重点を示すとともに、大規模開発地域を選定して育成する「拠点開発方式」を採用することとした。これにより昭和37年（1962）には新産業都市建設促進法が、昭和39年（1964）には工業整備特別地域整備促進法が制定され、新産業都市15地区と工業整備特別地域6地区が指定された。新産業都市15地区のうち14地区は太平洋ベルト地帯以外の地域であったが、工業整備特別地域はすべて太平

洋ベルト地帯内の地区に限られた。なお、大都市圏への集中を制限するための法律として、昭和34年（1959）に首都圏工場等制限法が制定されていたが、昭和39年（1964）には近畿圏工場等制限法が制定された。

　しかし、経済成長が予想を上回り、公害が社会問題化するとともに、大都市への人口・産業の集中と過密・過疎問題が深刻化した。昭和44年（1969）に策定された新全国総合開発計画（以下、「新全総」）では、これらの問題の解決を図るため、高福祉社会をめざして、人間のための豊かな環境を創造する「豊かな環境の創造」が基本目標とされ、開発方式として「大規模開発プロジェクト方式」が採用された。これは、太平洋ベルト地帯に偏在している土地利用を日本列島全域に拡大するため、新幹線や高速道路等の全国的なネットワークを整備するとともに、大規模な畜産基地、工業基地、エネルギー基地、流通施設、レクリエーション基地等の大規模開発プロジェクトを推進することによって、国土利用の偏在を是正し、過密・過疎問題、地域格差を解消することをめざしたものであった。昭和45年（1970）に全国新幹線鉄道整備法が、昭和46年（1971）には農村地域工業導入促進法が、昭和47年（1972）には工業再配置促進法が制定されるなどして、全国的なネットワーク基盤の整備をしつつ、大都市から地方への工場の分散が図られた。なお、昭和47年（1972）に発表された田中角栄「日本列島改造論」は、新全総の考え方をより具体化し、工業再配置と交通・情報通信の全国的なネットワークの形成により、人口と産業の地方分散を推進し、過密と過疎の解消を図ろうとするものであった。

　新全総で掲げられた計画は、日本経済が昭和48年（1973）の第一次オイルショックを契機に高度成長から安定成長へと移行したことに伴い見直しを求められた。昭和50年代に入り三大都市圏への人口集中が沈静化する中で、昭和52年（1977）に策定された第三次全国総合開発計画（以下、「三全総」）では、「人間居住の総合的環境の整備」が基本目標とされ、開発方式として「定住構想」が採用された。これは、自然環境、生活環境、生産環境の調和のとれた人間居住の総合的環境の形成を図るとともに、大都市への人口・産業の集中の抑制と地方の振興により過密・過疎問題に対処しながら新しい生活圏を確立するというものであった。三全総では、工業再配置に加えて、大学等

の教育機関、高次の医療機能、文化機能、中枢管理機能の適正配置が重要な課題であるとされた。三全総は、一全総や新全総に比べると、工業開発色の性格が弱い計画であり、全国44ヵ所が定住圏として国によって指定され、定住圏づくりは地域が主体となってモデル事業として行われた。

昭和50年代後半になると日本経済が好況に転じ、首都圏に人口が集中する現象が起こるとともに、昭和60年（1985）のプラザ合意による円高に伴い製造業の海外進出が顕著となり、対応が求められるようになった。昭和62年（1987）に策定された第四次全国総合開発計画（以下、「四全総」）では、東京への一極集中を是正し、国土の均衡ある発展を達成するため「多極分散型国土の形成」が基本目標とされ、開発方式として「交流ネットワーク構想」が採用された。これは、地域主導による地域づくりを基本とし、そのための基盤となる交通、情報・通信体系の整備と交流の機会づくりの拡大をめざすというものであった。四全総の策定過程では、中曽根首相が東京圏への集中の抑制ではなく、整備の方向で検討するように指示をしたところ、東京重視への批判が高まり、結局、「国土の均衡ある発展」が国土政策の基本であることが再確認されるということもあった。四全総では、高規格幹線道路網14,000kmや空港整備などが具体的に明示され、地方の地域開発に対する期待は高まった。四全総の施策を推進するため、昭和63年（1988）には多極分散型国土形成促進法が制定されたほか、昭和62年（1987）には総合保養地域整備法（リゾート法）、昭和63年（1988）には頭脳立地法、平成4年（1992）には地方拠点都市地域整備等促進法などの新たな地域開発法が制定され、各地で官民あげて地域開発プロジェクトが具体化された。

しかし、バブル経済の崩壊に伴い、四全総の時代に展開された地域開発プロジェクトには計画の変更や中止を余儀なくされるものが少なくなかった。公共事業批判が起こり、全総が進めてきた開発政策も批判を受ける中で、第五次全国総合開発計画にあたる「21世紀の国土のグランドデザイン」が平成10年（1998）に策定された。それまでの四次の全総計画には数値目標が示されていたが、財政再建下という状況に配慮して「21世紀の国土のグランドデザイン」では高規格幹線道路整備の目標以外は投資規模の数値が記されなかった。基本目標は「多軸型国土構造の形成」であり、東京や太平洋ベルト

地帯に人口や諸機能が集中している一極一軸型の国土構造から多軸型の国土構造に転換することが重要であるとされた。このため、北東国土軸、日本海国土軸、太平洋新国土軸、西日本国土軸の4つの国土軸と地域連携軸の組み合わせにより、多様な主体の参加と地域連携を通じて国土づくりを進めるという考え方が提示され、多軸型国土構造への転換の端緒を開くため、多自然居住地域の形成、大都市のリノベーション、地域連携軸の展開、広域国際交流圏の形成という4つの戦略が立てられた。なお、「21世紀の国土のグランドデザイン」では国土計画制度全体の見直しが提起され、その後検討が行われることになった。

　昭和37年（1962）の一全総から平成10年（1998）の「21世紀の国土のグランドデザイン」まで全総は5度策定され、計画内容は開発の性格を強めたり、交通軸を重視したり、面的整備を重視するなど、その時々の政策課題や時代の要請、日本を取り巻く環境の変化等に対応して変わってきたが、一貫していたのは「国土の均衡ある発展」という理念であった。東京をはじめとする大都市圏への人口や諸機能の集中と地方圏の人口流出や衰退という状況を変えて、国土全域に開発可能性を拡大し、地域間格差の是正を図るという考えであった。

　しかし、平成13年（2001）の小泉内閣の「骨太の方針」により、「国土の均衡ある発展」からの方向転換が示された。この頃、地方での開発を促進したり、大都市での集積を制限してきた法律は役割を終えたとして、平成13年（2001）に新産業都市建設促進法と工業整備特別地域整備促進法が、平成14年（2002）に工場等制限法が、平成18年（2006）に工業再配置促進法がそれぞれ廃止された。これに代わり、平成13年（2001）に内閣に都市再生本部が設置され、平成14年（2002）には都市再生特別措置法が施行されて、首都圏を含めて都市再生が推進されることになった。

　「国土の均衡ある発展」という理念の方向転換は、国土計画にも反映されることになった。平成17年（2005）に国土総合開発法が全面改定され、名称が国土形成計画法になったが、国土形成計画法では、開発よりも既にあるものの有効活用等に施策の重点を置くべきとの考え方に基づき、「開発」という言葉は一切使われなくなり、これまでの「国土の利用、開発、保全」は「国

土の利用、整備、保全」に改められた。また、平成20年（2008）に策定された国土形成計画（全国計画）では、本格的な人口減少社会の到来、東アジアの経済発展等の新たな時代の潮流を踏まえて、全国が広域ブロックに分けられ、一極一軸型の国土構造から、東アジアを意識しながら、多様な広域ブロックが自立的な圏域を形成する国土構造への転換をめざすこととされた。

国土形成計画には具体的なプロジェクトや事業量は示されず、国土形成計画と車の両輪であると位置づけられている社会資本整備重点計画に5年間の社会資本整備の方向性や事業内容等が掲載されている。平成21年（2009）8月に公表された「社会資本の重点整備方針」により、道路整備に関するアウトカム指標の一例として、環状道路の整備率の現状（平成19年）と目標（平成24年）を示すと以下のとおりである。

・関東ブロック：首都圏三環状道路の整備率　　平成19年43％→平成24年78％
・近畿ブロック：近畿圏の環状道路の整備率　　平成19年61％→平成24年64％
・四国ブロック：四国8の字ネットワークの形成率　平成19年60％→平成24年65％

このように環状道路等の整備率は、平成19年（2007）から平成24年（2012）にかけて、首都圏は35ポイントの上昇をめざしているのに対して、近畿圏は3ポイント、四国は5ポイントの上昇にとどまっており、この目標を見る限りでは、首都圏への重点的な傾斜配分となっている。

戦後の国土計画は、東京などの大都市圏への集中を抑止し、地方の開発を進めることにより、「国土の均衡ある発展」をめざしてきたが、実際には市場経済が徹底された結果、投資効率が高いと判断される大都市圏に資金や人口が集中し、地方は衰退した。そして、今日では「国土の均衡ある発展」という方針は方向転換し、公共投資が削減される中で、社会資本整備は効率を重視して進められている。

1-2 戦後の国土計画から学ぶこと

これからの国づくりを考える時に、戦後の国土計画から以下の4点を学ぶことができると考えられる。

①国民の支持

　全国総合開発計画が掲げた「国土の均衡ある発展」に基づき、大都市への集中を抑制し、地方の開発を進める政策は、高度経済成長期には国民から一定の支持を得られていたと考えられる。なぜなら、一全総や新全総が策定された昭和30年代から40年代にかけては大都市圏への人口や産業の集中が進み、過密・過疎問題が生じており、その問題の解決が求められていたからである。例えば、総理府（内閣府）が昭和47年（1972）に行った「日本列島改造論に関する世論調査」によると（表4-1）、「太平洋ベルト地帯に工業が集中するのをくい止めて、さらに東京、大阪などの工場を地方に分散し、機械、電子工業、住宅、機器などの公害を起こさない工業を農村地域に発展させるという工業の再配置」について、賛成（41.9％）が反対（15.0％）を上回っていた。また、「全国を縦横に結ぶ新幹線を建設し、表日本と裏日本の横断道路や大都市の外周に環状道路を作るなど、全国を新幹線鉄道と高速自動車道で縦横に張りめぐらそうとする考え」については、賛成（52.6％）が過半数を占め、反対は16.1％であった。

　しかし、昭和48年（1973）の第一次オイルショック等により経済が高度成長から安定成長に移行するとともに、昭和60年（1985）以降の急速な円高による製造業の海外移転、平成に入ってからのバブル経済の崩壊による大規模開発プロジェクトの行き詰まりや国・地方自治体の財政悪化等により、大都市圏への集中を抑制し、地方を開発して日本全体に均衡ある国土をつくると

表4-1　工業の再配置と幹線高速交通の整備について

質問項目	賛成	反対	一概にいえない	わからない
太平洋ベルト地帯に工業が集中するのをくい止めて、さらに東京、大阪などの工場を地方に分散し、機械、電子工業、住宅、機器などの公害を起こさない工業を農村地域に発展させるという工業の再配置について	41.9%	15.0%	18.4%	24.7%
全国を縦横に結ぶ新幹線を建設し、表日本と裏日本の横断道路や大都市の外周に環状道路を作るなど、全国を新幹線鉄道と高速自動車道で縦横に張りめぐらそうとする考えについて	52.6%	16.1%	17.7%	13.5%

資料：内閣府「日本列島改造論に関する世論調査」（昭和47年9月）より作成

いう考え方が国民の支持を得られなくなってきた。そして21世紀になると、公共事業批判が展開される中で、特に地方を開発するための投資は無駄であるという考え方が強まってきた。総理府（内閣府）が行った世論調査によると（表4-2）、「高速道路、新幹線、空港などの全国を結ぶ幹線高速交通の整備のあり方」について、「国土の均衡ある発展や地域の活性化を誘導するよう先行的に整備する」という割合は、平成6年（1994）の60.3％が平成8年（1996）には51.0％に低下したものの、いずれも過半数を占めており、「採算性の確保を重視し、需要量が見込めるようになった時点で整備する」を上回っていたが、平成13年（2001）の小泉内閣成立後に行われた調査では、選択肢の内容が変えられたこともあり、「将来の地域の発展の誘導よりも、現在の採算性の確保を重視し、需要に見合った整備を行うべき」（58.2％）が過半数を占め、「現在の需要や採算性よりも、将来の地域の発展の誘導を重視し、先行的に投資して整備すべき」は26.9％となった。

小泉内閣の「骨太の方針」により「国土の均衡ある発展」からの方向転換が示され、それ以降、世論調査の結果に沿うように、将来の地域の発展を誘導するよりも、現在の採算性や需要を重視して効率を重視した社会資本整備が進められるようになった。国がめざすべき方向に国土計画を進めるためには、国民の支持が必要であり、そのためには国民を誘導することが重要であることが分かる。

表4-2 高速道路、新幹線、空港などの全国を結ぶ幹線高速交通の整備のあり方について

	国土の均衡ある発展や地域の活性化を誘導するよう先行的に整備する	採算性の確保を重視し、需要量が見込めるようになった時点で整備する	わからない
平成6年2月調査	60.3%	27.6%	12.1%
平成8年6月調査	51.0%	32.8%	16.2%

	現在の需要や採算性よりも、将来の地域の発展の誘導を重視し、先行的に投資して整備すべき	将来の地域の発展の誘導よりも、現在の採算性の確保を重視し、需要に見合った整備を行うべき	わからない
平成13年6月調査	26.9%	58.2%	14.9%

資料：内閣府「国土の将来像に関する世論調査」（平成6年2月）、「これからの国土づくりに関する世論調査」（平成8年6月）及び「国土の将来像に関する世論調査」（平成13年6月）より作成

②重点地域への集中

　全国総合開発計画の「国土の均衡ある発展」という理念は、一全総や新全総を策定する頃には、大都市への集中を抑制し、地方の開発を進めて、地域間の均衡を図るという趣旨で使われていた。このため、一全総では拠点開発方式を、また新全総では大規模開発プロジェクト方式を採用し、特定の地域を拠点として集中的に投資をして開発する方法がとられていた。このため、昭和37年（1962）の新産業都市建設促進法では、指定候補に44の地域が名乗りをあげたが、最終的に15地区に絞られた（図4-1）。当然、指定地がない県もあったが、当時は日本の経済力が十分ではないことから、国が集中して重点的な整備を行うためには、自らの県に指定地がなくても仕方ないと考えられていたという。[1]

図4-1　新産業都市建設促進法による指定地域

しかし、その後、「国土の均衡ある発展」という理念は、地方が自らの地域に公共投資を呼び込むための大義名分として使われ、地方自治体間で国による公共投資の争奪戦が展開されるようになった。全国総合開発計画では重点的に投資をするという考え方がしだいに希薄になり、四全総時代の昭和62年（1987）に制定された総合保養地域整備法（リゾート法）の指定地域は42ヵ所になった（図4-2）。各道府県に1ヵ所ずつ指定され（北海道は2ヵ所）、指定がない都府県は6都府県だけであった。さらに平成4年（1992）の地方拠点都市地域整備等促進法の指定地域は82ヵ所にまで膨らんだ。

　自由主義社会では、経済発展はいつも不均等に行われる。まだ発展可能性がある段階で、投資を全国に均等に行うことは、投資効率を全体的に低下させることになる。地方の公共投資が無駄だと批判された要因の一つはここにある。国を発展させるためには、地域を絞り込んで、重点的に投資を集中さ

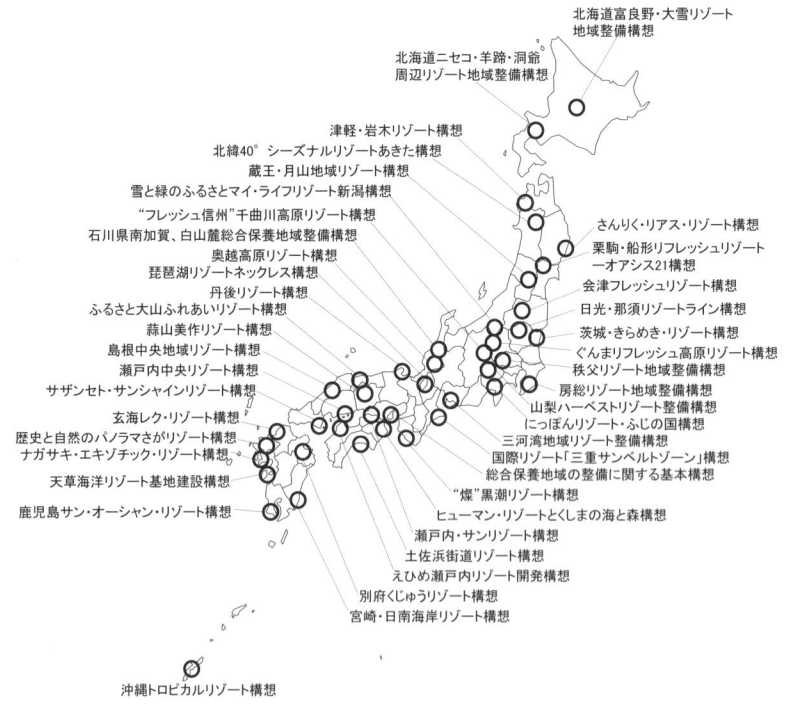

図4-2　総合保養地域整備法（リゾート法）による指定地域

せることが重要であり、そのために特定の地域に投資を集中して国の発展を牽引させることについて、国民の支持や理解を得ることも重要であると考えられる。

③市場経済への対抗力

　全国総合開発計画が「国土の均衡ある発展」を理念として国土政策を展開してきたことにより、地方圏から大都市圏への人口集中が抑制されたり、大都市圏と地方圏の一人当たりの所得格差が統計上縮小するなどの効果も見られたが、総じて大都市圏、特に首都圏への集中が進み、地方は衰退した。これは、資本や労働の移動を市場経済が支配した結果である。市場経済は、需要や採算性を考慮して、大都市圏に資本や労働を移動させた。国は市場経済に抗して、大都市圏への集中を抑制し、地方圏の開発可能性を高めるための国土政策を展開したが、市場の力に押されて目標を実現することができなかったということである。

　公的固定資本形成と民間固定資本形成の大都市圏・地方圏別割合の推移を見ると（図4-3）、公的固定資本形成の割合は昭和30年代後半〜昭和40年代後半にかけて大都市圏が地方圏を上回っているものの、昭和50年代以降はバランスに配慮して配分されているため、大都市圏と地方圏がそれぞれ50％程度で推移しているのに対して、民間固定資本形成の場合は、大都市圏の割合が上昇傾向であるのに対して、地方圏の割合は下降傾向である。これは、昭和30年代後半から昭和40年代にかけて大都市圏への公共投資の重点配分が行われた結果を示すだけではなく、明治以降の公共投資のストックの違いも反映していると考えられる。なお、公的固定資本形成には用地費・補償費は含まれていない。

　また、大都市圏と地方圏別に人口の転入超過数の推移を見ると（図4-4）、昭和30年代から40年代にかけての地方圏から東京圏、大阪圏、名古屋圏への転入は昭和50年（1975）頃にいったんおさまったが、昭和50年代から平成の初めにかけて再び地方圏から東京圏への転入が増え、さらに平成10年（1998）頃から三たび地方圏から東京圏への転入増が顕著になっている。

　大都市圏には過去に重点的に投資が行われてきた歴史があり、集積がある

ため、民間資本を導入したり、労働力を移動しやすい環境にある。これに対して、地方圏の投資環境は大都市圏に比べると劣るため、たとえ同額の公的投資が行われたとしても、地方圏の民間投資は大都市圏よりも少なくならざるを得ない。公的投資を行うことにより、大都市圏であれば民間投資の誘発をある程度期待できるが、地方圏の場合には市場に任せているだけでは民間資本の導入が容易ではない。地方圏を開発するためには、国が地方自治体と連携するとともに、民間企業も含めて推進体制を整え、公的投資が土地利用の高度化や民間資本の導入に結びつくように、強力な政策を継続して推進することが重要であると考えられる。

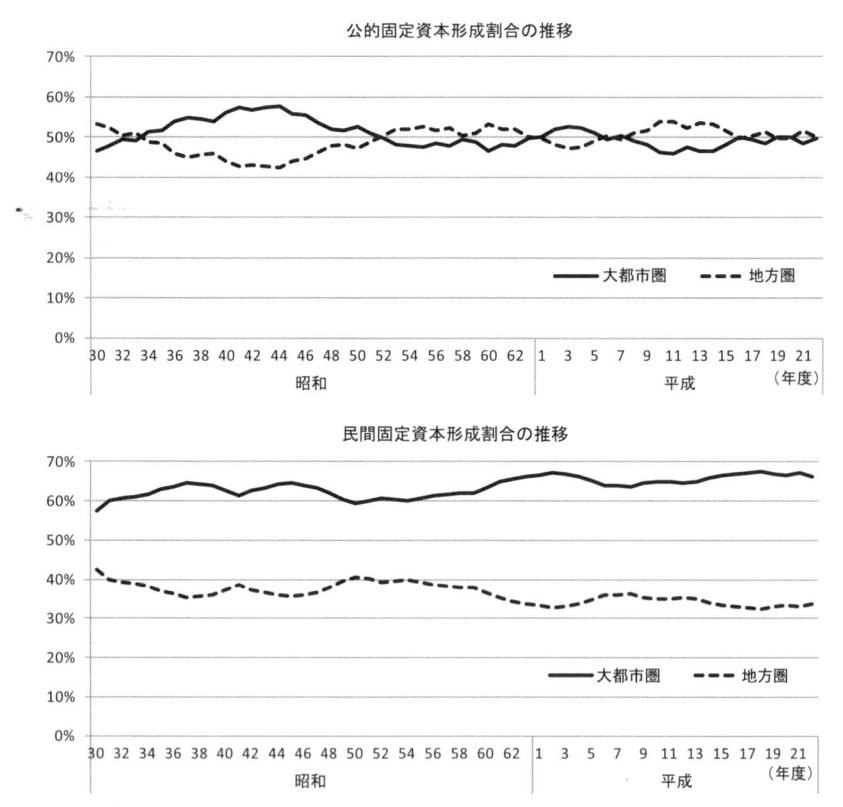

図4-3 大都市圏・地方圏別の公的固定資本形成と民間固定資本形成の割合の推移
資料：内閣府「県民経済計算」より作成
注：大都市圏は北関東、南関東、東海、近畿内陸、近畿臨海で、その他は地方圏とする。

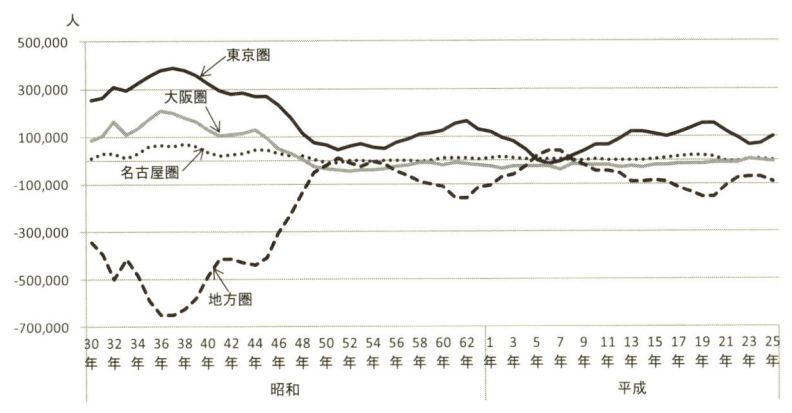

図4-4 大都市圏・地方圏別人口の転入超過数の推移
資料：総務省「住民基本台帳人口移動報告」より作成
注：東京圏は埼玉県、千葉県、東京都、神奈川県、名古屋圏は岐阜県、愛知県、三重県、大阪圏は京都府、大阪府、兵庫県、奈良県、地方圏はその他の道県である。

④国と地方自治体の信頼関係

　昭和37年（1962）の一全総から平成10年（1998）の「21世紀の国土のグランドデザイン」に至るまで、全国総合開発計画はその時々の環境の変化や時代が求める政策課題に応えて5度策定されたが、一貫していたのは「国土の均衡ある発展」という理念であった。しかし、21世紀になると、「国土の均衡ある発展」という国土政策の考え方は方向転換し、平成17年（2005）に国土総合開発法が国土形成計画法に置き換わることにより、全国総合開発計画は国土形成計画となり、「開発」という言葉は一切使わず、平成20年（2008）に策定された国土形成計画（全国計画）では、全国が広域ブロックに分けられ、東アジアを意識しながら、多様な広域ブロックが自立的な圏域を形成することをめざすこととされた。

　国土計画の方向転換は、開発行政や公共事業への批判、国や地方自治体の財政悪化等を背景に国土計画策定の意義が問われる中で、従来の国土づくりを継続することができないと判断された結果であると考えられるが、少なくとも地方圏の多くの地方自治体の国土計画への信頼感や期待感を低下させるものとなった。例えば、「21世紀の国土のグランドデザイン」で示された4つの国土軸や地域連携軸は、21世紀に入った途端に国土形成計画では事実上

撤回された。それまで国の方針に従って取り組んできた地方自治体からすると、国に振り回されてきたという印象が強い。一方、大都市圏の地方自治体からすると、それまで大都市圏が日本の発展を牽引してきたにもかかわらず、「国土の均衡ある発展」という大義名分のもと大都市圏への集中を規制し、地方への優遇措置が講じられてきたことへの批判は根強く、大都市圏で得た果実を地方に移転させることにより、経済的な豊かさが均等な日本をつくるということについて、大都市圏の地方自治体の理解は十分には得られていないと考えられる。

　国土計画の策定は必要である。日本の国を発展させ、国民を幸せにするためには、あるべき国の姿を描き、それを実現するために総合的、計画的に施策を推進することが重要である。その時、国と地方自治体との信頼関係が不可欠である。国と地方自治体は、計画を立てる側と実施する側、あるいは助成する側と助成される側という関係ではなく、将来の国づくりに向けて思いを共有して、相互に信頼する関係の上で、国土計画を立案し、実施していくことが重要であると考えられる。

2. 海外に依存する国づくり

2-1 企業の海外展開

①国内総生産と国民総所得

　これまでの国づくりが行き詰まりを見せ、日本の国内総生産が横ばい状態になる中で、日本の企業が海外に直接投資をしたり、海外に生産・販売拠点を移転させる動きが顕著となっている。これは、国内総生産（GDP）と国民総所得（GNI）の推移にも表れている。GDPは国内で一定期間内に生産されたモノやサービスの付加価値の合計額であり、日本企業が海外支店等で生産したモノやサービスの付加価値は含まない。一方、GNIは日本企業の海外支店等の所得も含んでいる。GNI＝GDP＋海外からの純受取額である。昭和

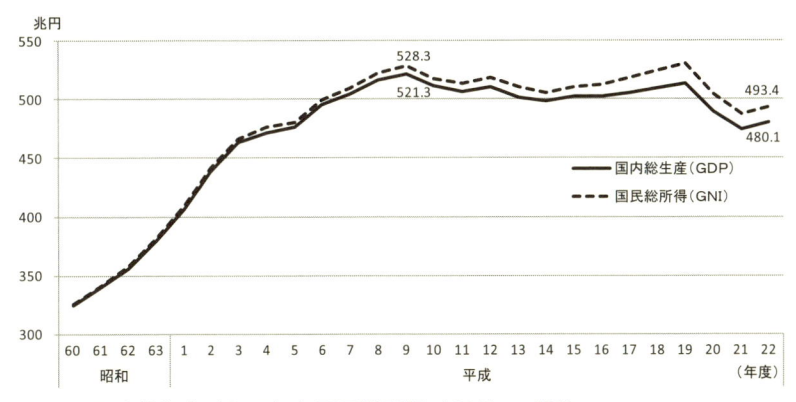

図4-5 国内総生産（GDP）と国民総所得（GNI）の推移
資料：内閣府「国民経済計算」より作成

　60年度（1985）にはGNIが325.5兆円、GDPが324.3兆円であり、海外からの純受取額は1.2兆円にすぎなかったが、海外からの純受取額は平成9年度（1997）には7兆円となり、平成22年度（2010）には13.3兆円へと増加している（図4-5）。

　安倍内閣は、平成25年（2013）に、10年後には国民総所得（GNI）を1人当たり150万円増やすという目標を設定したが、国の経済の尺度として国民総所得（GNI）を指標として使うのは、日本の国づくりが海外との関係を強化する方向に向かっていることを象徴している。

②対外直接投資の動向

　日本企業の海外展開の動向を、まず、対外直接投資[2]により見ることにする。日本の対外直接投資額は、昭和60年（1985）のプラザ合意による急激な円高を背景に、昭和60年度（1985）の1.7兆円から平成元年度（1989）には7.3兆円に増加したが、その後急減し、平成5年度（1993）には1.6兆円となった（図4-6）。これはバブル経済の崩壊を契機に、主に金融・保険業、不動産業、サービス業などが海外拠点の整理統合を行ったことが原因とされている。その後徐々に増加傾向となり、平成10年（1998）にはアジア通貨危機による影響を受けたものの、平成20年度（2008）には11.9兆円と最高額に達した。これは、平成20年（2008）のリーマンショック後に日本の金融・保険会社による米国

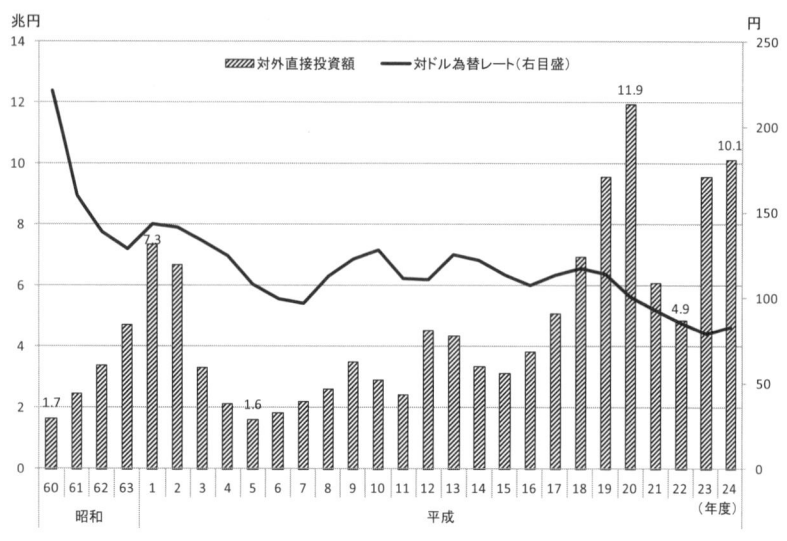

第4章 これまでの国づくりと新たな国づくり

図4-6 対外直接投資額の推移

資料：財務省「対外及び対内直接投資状況」及び「国際収支統計」より作成
注：1.ネットの値である。
　　2.平成8年度以降は再投資収益を含む。
　　3.対ドル為替レートは日本銀行ホームページによる期中平均の値である。

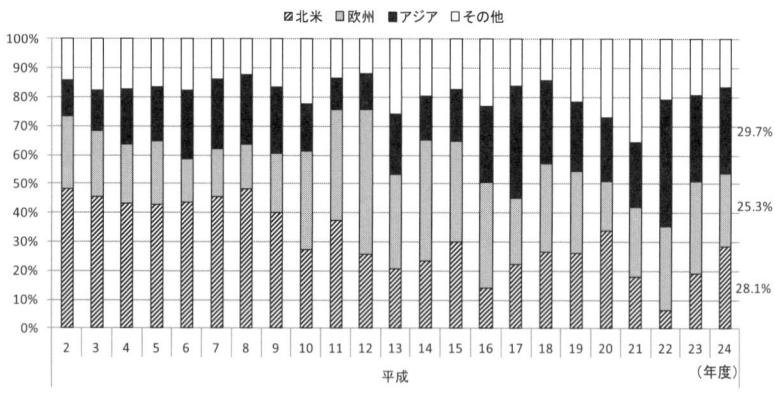

図4-7 地域別の対外直接投資割合の推移

資料：財務省「対外及び対内直接投資状況」及び「国際収支統計」より作成
注：平成8年度以降は再投資収益を含む。

　金融機関に対する出資や買収が相次ぎ金融・保険業の投資額が前年比2倍以上になったこと、及び鉱物資源の価格が高騰し鉱業部門への投資額が前年比

2倍以上になったことが原因とされている。平成22年度（2010）にはリーマンショック後の世界経済への影響により対外直接投資は4.9兆円にまで減少したが、その後再び増加に転じ、平成24年度（2012）には10.1兆円となっている。

地域別の対外直接投資割合を見ると（図4-7）、平成2年度～24年度（1990～2012）に北米、欧州、アジアの3地域でおおよそ8割前後を占めているが、平成2年度～9年度（1990～1997）には北米が最大の割合を占め、平成10年度～16年度（1998～2004）には欧州が最大となり、平成17年度（2005）はアジアが最大になるなど、時期により地域別の割合が変動していることが分かる。

③海外での企業活動の動向

対外直接投資により、日本企業は海外でどのような活動をしているのであろうか。経済産業省「海外事業活動動向調査」[3]をもとに、海外での企業活動の動向を見ることにする。

■現地法人企業数

現地法人数は、平成2年度（1990）の7,986社（製造業3,408社、非製造業4,578社）から平成23年度（2011）には19,250社（製造業8,684社、非製造業10,566社）に2.4倍に増加している（図4-8）。平成23年度（2011）の19,250社の業種別内訳を見ると、製造業では輸送機械が最も多く、次いで化学、情報通信機械が多く、非製造業では卸売業が約半数を占め、ついでサービス業、運輸業が多い。

地域別に現地法人数の推移を見ると（図4-9）、北米、欧州ではほぼ横ばいなのに対して、アジアでは平成5年度（1993）以降急増しており、平成23年度（2011）の現地法人の地域別割合はアジア62.8％、北米14.9％、欧州13.6％となっている。

■売上高

現地法人による売上高は、平成2年度（1990）の99.8兆円（製造業26.2兆円、非製造業73.6兆円）から平成19年度（2007）には236.2兆円（製造業111.0兆円、

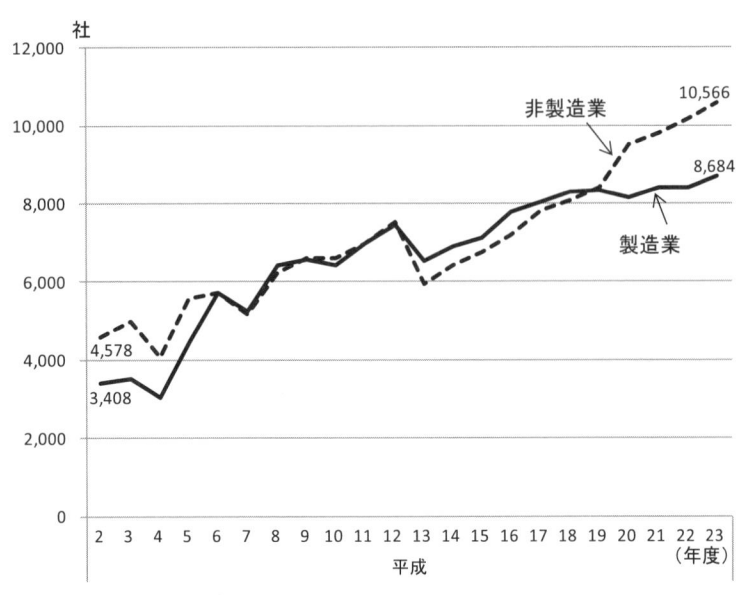

第4章　これまでの国づくりと新たな国づくり

図4-8　現地法人の推移

資料：経済産業省「海外事業活動動向調査」より作成

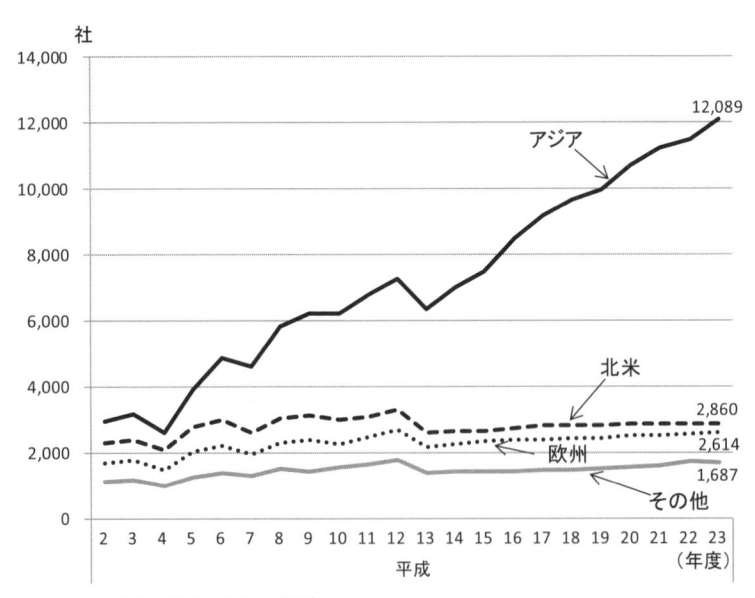

図4-9　地域別の現地法人の推移

資料：経済産業省「海外事業活動動向調査」より作成

162

非製造業125.2兆円）に増加したが、その後平成20年（2008）のリーマンショックの影響により減少し、平成23年度（2011）には182.3兆円（製造業88.3兆円、非製造業94.0兆円）になっている（図4－10）。

　地域別に見ると、近年はアジアの現地法人の売上高が急増しており、平成23年度（2011）の現地法人売上高の地域別割合はアジア43.8％、北米27.9％、欧州17.2％となっている（図4－11）。

　この結果、現地法人売上高と日本の輸出額の推移を見ると（図4－12）、現地法人売上高は日本の輸出額を上回る伸び率で増加しており、平成23年度（2011）には現地法人売上高は輸出額の2.8倍になっている。かつて輸出産業が日本の経済を牽引していたが、今日では輸出額の増加率を上回る伸び率で海外にある日本の現地法人が売上高を伸ばしている。

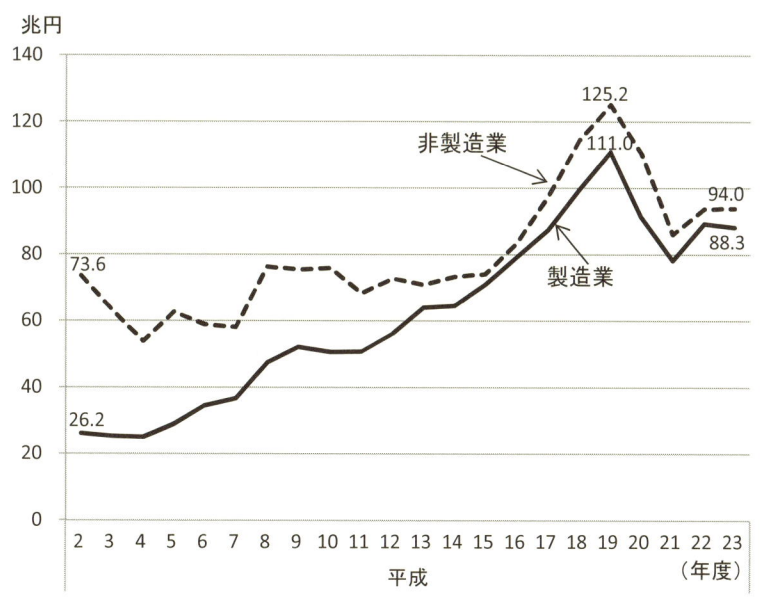

図4-10　現地法人の売上高の推移
資料：経済産業省「海外事業活動動向調査」より作成

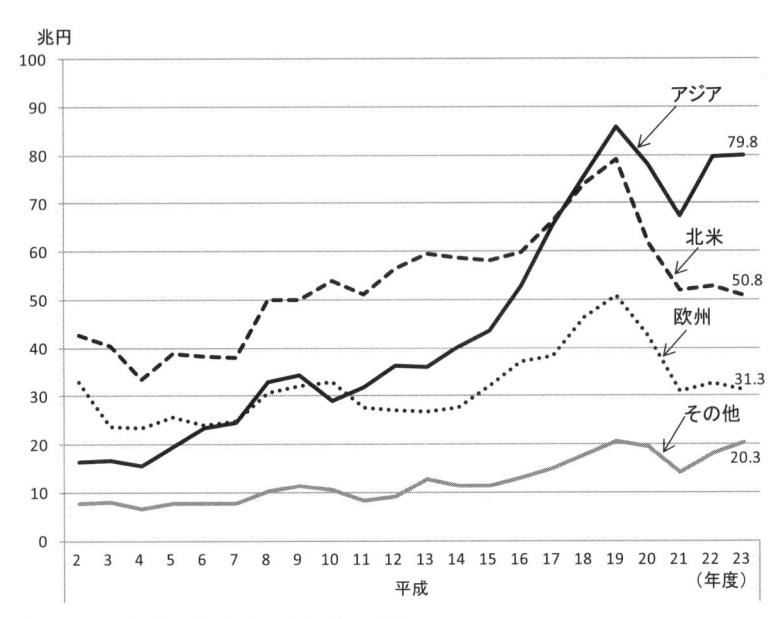

図4-11 地域別の現地法人売上高の推移

資料：経済産業省「海外事業活動動向調査」より作成

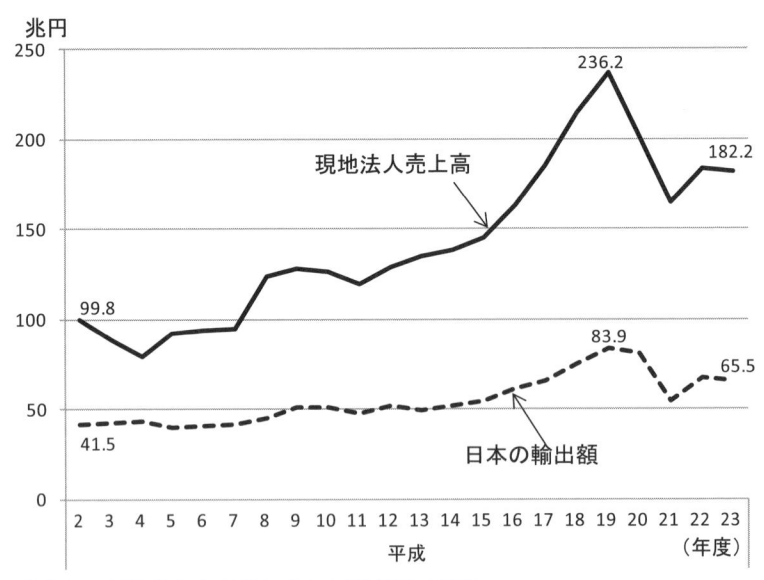

図4-12 現地法人売上高と日本の輸出額の推移

資料：経済産業省「海外事業活動動向調査」及び財務省「貿易統計」より作成

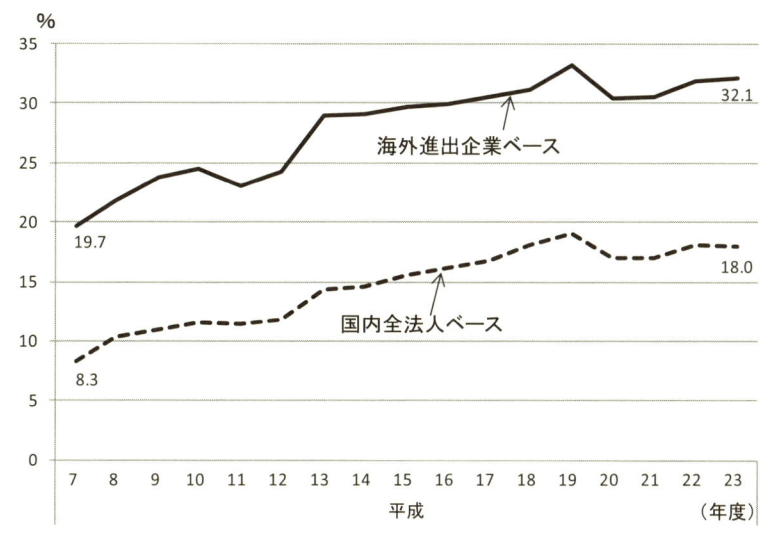

図4-13 製造業の海外生産比率の推移

資料：経済産業省「海外事業活動動向調査」及び財務省「法人企業統計」より作成
注：・国内全法人ベースの海外生産比率＝現地法人（製造業）売上高／（現地法人（製造業）売上高＋国内法人（製造業）売上高）×100
・海外進出企業ベースの海外生産比率＝現地法人（製造業）売上高／（現地法人（製造業）売上高＋本社企業（製造業）売上高）×100

■製造業の海外生産比率

　海外の現地法人の活動が活発になるにつれて、海外生産比率は上昇しており、平成23年度（2011）の製造業の現地法人による海外生産比率は、国内全法人ベースで18.0％、海外進出企業ベースで32.1％になっている（図4-13）。業種別には輸送機械、情報通信機械、はん用機械などで海外生産比率が高い。

■現地法人の販売先・調達先

　現地法人の販売先・調達先の状況を見ると、現地法人と日本の親会社や出資元とはかなり分離されていることが分かる。

　図4-14により、平成23年度（2011）の製造業現地法人の販売先（売上高）を見ると、同一地域内の比率はアジアで76.0％、北米で93.4％、欧州で85.3％であり、日本への販売比率はアジアで18.1％、北米で2.6％、欧州で3.2％にす

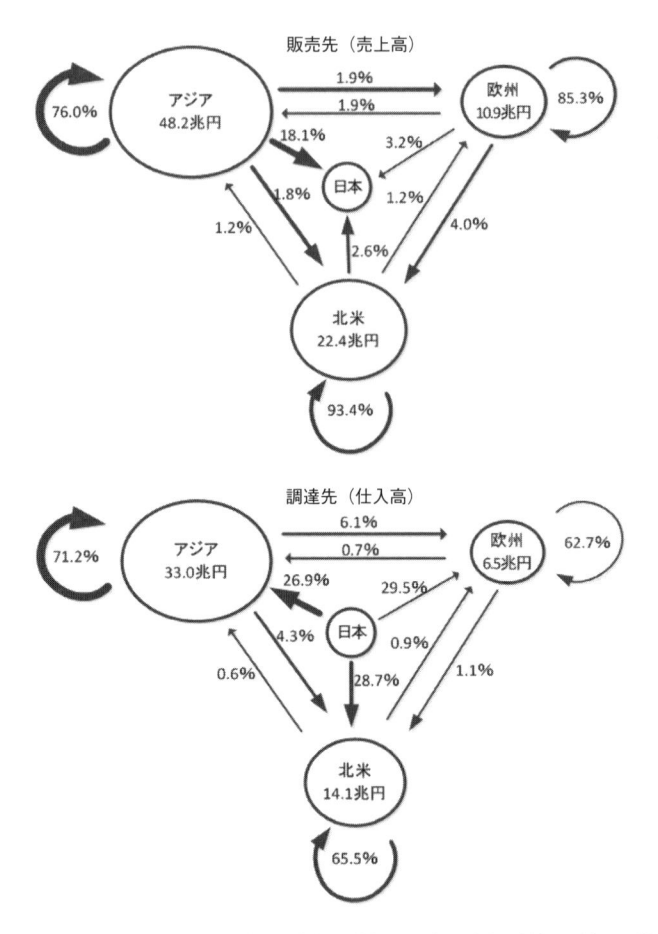

図4-14 製造業現地法人の販売先（売上高）及び調達先（仕入高）の状況（2011年度）
資料：経済産業省「海外事業活動動向調査」（2011年度）より作成

ぎない。現地法人の販売先は同一地域が大半を占め、その中でも海外進出企業が立地している国が中心であり、日本への販売はわずかである。

　また、調達先（仕入高）を見ると、同一地域内比率はアジアで71.2％、北米で65.5％、欧州で62.7％であり、日本からの調達比率はアジアで26.9％、北米で28.7％、欧州で29.5％にすぎない。仕入先についても同一地域、その中

でも海外進出企業が立地している国が中心であり、日本からの調達は3割以内にとどまっている。

2-2 企業の海外展開の背景

対外直接投資が拡大し、日本企業による海外での活動が活発になってきている背景として、主に以下の5つのことがあげられる。

①円高への対応

昭和60年（1985）のプラザ合意以降、急激に円高が進行し、その後も円高傾向が続いたために、日本企業の海外展開が拡大してきた。円高により日本企業の輸出競争力は低下するため、輸出企業にとっては、国内で生産して海外に輸出するよりも生産拠点を海外に移して現地で生産する方が有利になる。また、海外に生産拠点を置くことにより、為替レートの変動に応じて、国内外の複数の生産拠点の稼働状況を変えて対応することもできるようになる。さらに、円高により海外の資産の取得が容易になるので、日本企業によるM&Aや不動産の購入などが促進されてきた面もある。

②貿易摩擦への対応

日本企業による輸出が増大し、1980年代には日本とアメリカなど欧米諸国との間に大幅な貿易不均衡が発生したため、アメリカなどから日本企業の現地法人化、現地生産化に関する要求が強まった。このため、外国との貿易摩擦を回避するために、自動車産業などの日本企業が海外に現地法人をつくり、現地生産化する動きが加速された。日本企業による現地生産・現地販売は日本から海外への輸送コストを節約するとともに、関税や非関税障壁に伴うコストを節約することにもつながり、日本の輸出企業の海外展開を一層促進することになった。

③価格競争への対応

日本国内の賃金が上昇するにつれて日本の輸出企業の価格競争力は低下す

るが、日本よりも賃金水準が低い海外に生産拠点を移すことにより、生産コストを低下させて価格競争力を高めることができる。これは生産コストに占める人件費割合が高い繊維などの労働集約型産業ではメリットが大きく、かつては主に日本から中国などアジアへの企業進出の大きな要因となっていた。近年、進出国での賃金水準が上昇するにつれて、低価格競争を志向する企業は、より安価な労働力を求めて生産拠点をシフトさせている。また、日本企業の中には、税をコストと考え、法人税率が日本よりも低い海外に子会社や関連会社をつくり、海外の法人に投資等を行うことにより税負担を軽減させようとする動きもある。[4]

④国内市場の縮小と海外市場の有望性

　日本では1990年代初めのバブル経済の崩壊後、国内の需要が低迷し、今後も少子高齢化等により国内市場の縮小が予想されている。これに対して、アジアなど新興国では経済発展と所得水準の向上に伴い国民の購買力が上昇してきており、消費市場としての有望性が日本企業の海外展開を後押ししている。今後もアジアでは一層の経済成長が予想されるため、これまで生産拠点としてアジアに進出してきた製造業だけではなく、非製造業もアジアの成長力を取り込むために消費市場としてのアジアに進出するようになってきている。平成23年度（2011）の経済産業省「海外事業活動動向調査」によると、投資決定のポイントとして、現地法人のうち73.3％は「現地の需要が旺盛または今後需要が見込まれる」をあげており、「安価な労働力の確保」（23.5％）や「税制等の優遇措置」（9.7％）などを大きく上回っている。

⑤日本政府の後押し

　日本政府は、国内需要が縮小する中で日本経済の成長を実現するため、海外、特にアジアの成長力を獲得するための取り組みを進めている。政府は「アベノミクス」により、10年後には国内総生産（GDP）に海外からの所得の純受取を加えた国民総所得（GNI）を1人当たり150万円増やすという目標を設定して、TPP交渉により貿易と投資の自由化を図るとともに、国際展開戦略として官民一体となったインフラ需要の取り込みや企業の海外民間支援体制

の強化などを進めている。[5]

2-3 予測される将来の日本の姿

日本は海外の成長力を取り込むことによって国を成長させようとしている。このまま海外依存の国づくりを進めて行けば、日本はどのような国になるのかを想定する。

■企業の海外展開が一層活発になる

従来は円高や貿易摩擦への対応策として、また低廉な人件費を求めて企業の海外展開が行われてきたが、今日では国内市場が縮小する中でアジアなど有望な海外市場を求めて企業の海外展開が行われるようになってきている。今後TPP交渉などにより貿易と投資の自由化を推進する国際的な環境が整うとともに、日本国内でも官民が一体となって海外に展開する企業を支援する国内の体制や環境が一層整備されると考えられるため、対外直接投資や海外での日本企業の活動はますます活発になる。

■日本に軸足を置かない企業や日本人が増加する

既に現地法人の販売先・調達先は同一地域内の比率が高く、現地法人と日本との関係はかなり分離されているが、対外直接投資や海外での日本企業の活動がますます活発になり、現地法人への外国資本の割合が高まるとともに、また現地での競争が激しくなるほど、日本の国や親会社にどのように貢献するかというよりも、現地法人の利益を現地で再投資に回したり、外国資本の株主への配当を重視するなどして、日本の企業でありながら日本に軸足を置かない企業や、日本人でありながら日本の国を顧みない企業人が増加する。

■日本国内での民間投資が減少する

日本の企業は収益性や市場性の面などで有利な海外での活動を加速し、一方国内市場は少子高齢化等により縮小することが予想されるため、国内への民間投資は減少する。また、国内の民間投資について、投資効率がますます

重視されるようになり、海外との取引に有利で消費市場に近い大都市圏では比較的民間投資が行われるものの、人口が少なく投資効率が低い地方圏では特に民間投資が減少する。

■日本国内の公共投資が減少する

日本国内では民間投資が減少するため、財政が悪化し、民間投資を誘発しない公共投資への批判は一層強まり、特に地方圏の公共投資は大幅に削減される。地方圏では産業活動や生活の基盤となる社会資本の整備や維持が困難となり、地方圏から大都市圏への人口流出が一層進み、大都市圏の高齢化と地方圏の衰退が顕著になる。

■日本の国は衰退する

日本国内では民間投資と公共投資が減少するため、企業の海外展開は一層活発になり、働き手は雇用の場を求めて海外に流出する。日本国内では国内総生産（GDP）が減少する一方で、高齢化等により社会保障費の負担が増大するため、海外展開した企業からの利益を日本国内に取り込むことが必要になる。しかし、海外に展開した日本の企業も、そこで働く日本人も、日本の国を顧みないため、日本の国は衰退する。

日本の国が発展するためには、海外依存の国づくりを進めるのではなく、自立的な国づくりを進めることが必要である。

3. 新たな大都市圏の創造による国の自立的発展

3-1 新たな国づくりに向けた考え方の転換

日本が自立的な国づくりを進めるためには、以下の3つの点で考え方を転換させる必要があると考えられる。

①海外依存から内需拡大へ

　明治以来、大都市圏牽引型の国づくりを続けてきて、その国づくりが行き詰まると、今度はアジアなど海外の成長力を取り込むという考え方で国づくりが進められている。このままでは、日本は衰退する。日本の国はもう発展しないという考え方はやめて、将来めざすべき国のビジョンを掲げて、国が発展する方向に国づくりを転換させて行くことが重要である。国を発展させる時に、他国の成長力を取り込むのではなく、国内生産と国内消費を拡大して自立的な国の発展を基本とすべきである。日本には人口を増やし、内需を拡大して、国を発展させることができる潜在的な力がある。日本の人口減少を所与のものと考えずに、過去の発展期には日本の人口が増加したことを思い起こす必要がある。大都市圏だけではなく、地方圏を含めて、日本の国土・国民が持っている力を十分に発揮できるようにすることが重要である。

②短期的視点から長期的視点へ

　短期的な視点だけで考えると、目先の利益を追いかけることになるため、100年先の日本のあるべき国の姿をめざして長期的な視点で国づくりを進める必要がある。長期的な視点で国づくりを進める時に、明治以来日本がどのように発展してきたのかを振り返ることは重要である。日本は明治維新後と第二次世界大戦後の2度大きな発展を遂げたが、2度の発展に共通していることは、国家存亡の危機に際して、国の指導者がそれまでの流れを遮断して、新たな国づくりの目標を明示して、国民を導くために、公共投資により国づくりの基盤となる社会資本整備を集中的に行ったことである。市場経済に任せているだけでは、国を発展させることはできない。短期的な経済効果にとらわれることなく、中央政府が中心となって、めざすべき国の姿に向けて、長期的な視点で、計画的に国づくりを進めて行く必要がある。

③大都市圏中心から新たな大都市圏づくりへ

　それでは、100年先にどのような国の姿をめざすべきか。明治以降、日本では大都市圏に集中的に公共投資を行い、大都市圏が日本全体を牽引する国づくりを進めてきた。戦後、全国総合開発計画により「国土の均衡ある発展」

をめざしたものの、市場経済の力に支配されて資本と労働は大都市圏に集中した。大都市圏牽引型の国づくりが続けられてきた過程で、大都市圏では人口や諸機能の集中により地価の上昇や社会的なコストの上昇がもたらされ、地方圏では投資の抑制や人口の流出等により地域の衰退や意欲の減退がもたらされてきた。このことが、地方や国民の自主性・自立性を弱め、国力の衰退を招く一因になっている。今日、国土強靭化計画などにより防災の観点から公共投資が行われつつあるが、防災は現在ある人命や財産を守ることが基本であるため、防災の視点だけで判断すると公共投資は人口や資産が多い既存の大都市圏に重点配分されることになる。また、地価が高い既存の大都市圏で公共投資を行う際には用地費が嵩むが、用地費は政府から地権者に所得が移転するだけで、民間投資を誘発することになりにくい。

　これまでのやり方を続けていると、日本の国の姿は変わらない。内需主導で自立する100年先の日本をつくるためには、公共投資の地域配分の重点をこれまでの大都市圏から地方圏に変えて、新たな大都市圏を創造しつつ、既存の大都市圏との連携により日本全体を発展させる必要がある。

3-2 新たな大都市圏の創造

■新たな大都市圏のイメージ

　新たな大都市圏とは、概ね100年先の2110年を目標として、北海道、東北、北陸、中国四国、九州に新たに大都市圏を形成しようとするものである。新たな大都市圏の中心都市は、現在のブロック中心都市とは離れた、地価が比較的低廉な地域に設定し、その中心都市周辺に公共投資を集中し、民間投資を誘発させ、現在のブロック中心都市等と連携して広域圏を形成する。中心都市の位置や大都市圏の内容は、各地の実情を踏まえて後述の大都市圏形成の推進組織で検討されるべきであるが、仮に中心都市を設定して新たな大都市圏をイメージしやすくすると以下のとおりである（図4-15）。
・北海道大都市圏：旭川辺りを中心都市とし、札幌との連携で大都市圏を形成
・東北大都市圏：庄内辺りを中心都市とし、仙台との連携で大都市圏を形成

4.3 新たな大都市圏の創造による国の自立的発展

日本を一体的に発展させるためには、大都市圏間を結ぶ高速交通網が必要である。

（地図中のラベル：北海道大都市圏、東北大都市圏、北陸大都市圏、中国四国大都市圏、九州大都市圏、首都圏、中部圏、近畿圏）

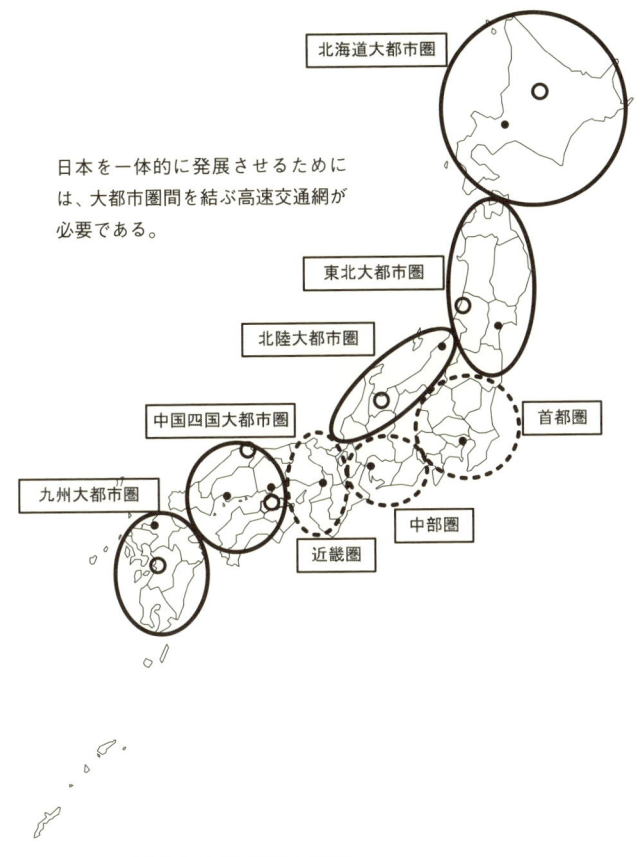

図4-15 新たな大都市圏の創造

・北陸大都市圏：高岡辺りを中心都市とし、新潟との連携で大都市圏を形成
・中国四国大都市圏：松江辺り及び丸亀辺りの2ヵ所を中心都市とし、広島、岡山と連携して大都市圏を形成
・九州大都市圏：熊本辺りを中心都市とし、福岡との連携で大都市圏を形成
　なお、日本全土を一体的に発展させるため、既存の3大都市圏と新たな5大都市圏を連結して日本を縦貫する高速交通網を整備することが不可欠となる。

■新たな大都市圏形成による日本の国土像
　新たな大都市圏の創造により、既存の首都圏、中部圏、近畿圏の3大都市

圏に加えて、北海道圏、東北圏、北陸圏、中国四国圏、九州圏の5つを合わせて、日本には8大都市圏が形成されることになる。

現行の国土形成計画では、アジアの成長力を取り込んで各広域圏が自立することをめざしているが、ここでの考え方は既存の大都市圏に加えて新たな大都市圏を創造することによって、海外に依存することなく、内需主導で日本全体が発展していく自立的な国づくりをめざす。

新たに5つの大都市圏を創造することにより、日本の人口は2010年の1億2,806万人から、2110年には1億5,000万人に約17％増加することを想定する（表4-3）。国立社会保障・人口問題研究所の平成24年1月推計（出生中位・死亡中位）によると、2110年の人口は4,286万人と見込まれているので、ここでの

表4-3 日本の大都市圏の人口規模

		2010年	2110年
新たな大都市圏	北海道圏	551万人	1,000万人
	東北圏	934万人	1,500万人
	北陸圏	544万人	1,000万人
	中国四国圏	1,154万人	1,500万人
	九州圏	1,320万人	1,800万人
既存の大都市圏	首都圏	4,260万人	4,200万人
	中部圏	1,511万人	1,500万人
	近畿圏	2,090万人	2,000万人
その他地域		442万人	500万人
全体		1億2,806万人	1億5,000万人

資料：2010年の人口は総務省統計局資料、2110年の人口は筆者想定による。
注：大都市圏の区分は以下のとおりである。
　　＜新たな大都市圏＞
　　・北海道圏：北海道
　　・東北圏：青森県、岩手県、宮城県、秋田県、山形県、福島県
　　・北陸圏：新潟県、富山県、石川県、福井県
　　・中国四国圏：鳥取県、島根県、岡山県、広島県、山口県、徳島県、香川県、愛媛県、
　　　　高知県
　　・九州圏：福岡県、佐賀県、長崎県、熊本県、大分県、宮崎県、鹿児島県
　　＜既存の大都市圏＞
　　・首都圏：茨城県、栃木県、群馬県、埼玉県、千葉県、東京都、神奈川県
　　・中部圏：岐阜県、静岡県、愛知県、三重県
　　・近畿圏：滋賀県、京都府、大阪府、兵庫県、奈良県、和歌山県

想定は推計値よりも約1億人多いことになる。ここでの人口規模は、新たな大都市圏では人口が増加し、既存の大都市圏ではほぼ現状維持となることを想定しているが、新たな大都市圏の創造と既存の大都市圏の一層の発展により、相互に連携して日本全体を発展させていくことが重要である。

■新たな大都市圏形成のための公共投資と民間資本導入

　人口が1,000万人を超える新たな大都市圏を形成するため、中心都市周辺を重点に以下のような交通基盤、産業基盤、生活基盤、国土保全に関する公共投資を行うとともに民間投資を誘導する必要があるが、その際、既存のブロック中心都市等の力も活用することが重要である。

- ・交通基盤‥‥道路、鉄道、空港、港湾等
- ・産業基盤‥‥産業用地開発、水資源開発、電力等
- ・生活基盤‥‥住宅、都市計画、上下水道、教育施設等
- ・国土保全‥‥治山・治水、海岸保全等

　北海道大都市圏を例にして、新たな大都市圏形成の基本的なプロセスを示すと、以下のとおりである（図4-16）。まず中心都市の旭川周辺に公共投資を集中して開発を始め、ついで中心都市の旭川と既存の大都市・札幌とを結

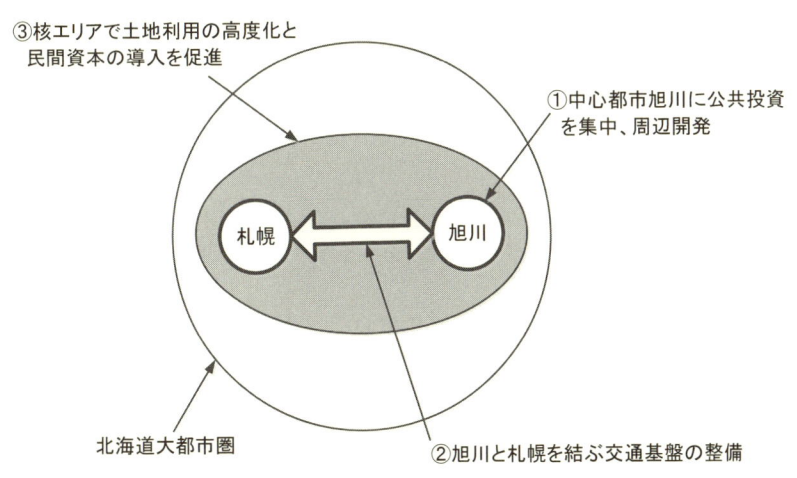

図4-16　新たな大都市圏形成の基本的なプロセス（北海道大都市圏の例）

ぶ交通基盤の整備を進め、旭川と札幌の2つの都市の力の相乗効果により大都市圏の核となるエリアで土地利用の高度化と民間資本導入を促進し、産業・経済機能の集積を図り、雇用を生み出し、生活環境を整えて、人口1,000万人規模の大都市圏を形成する。新たな大都市圏形成のプロセスを旭川周辺から開始するのは、札幌に比べて地価が低廉であること、開発可能地が多いことなどのほか、新たな投資の効果が札幌だけに吸収されて、札幌の都市拡大に帰着することがないようにするためである。

　ここで大事なのは、公共投資が周辺地域の土地利用の高度化に結びついて民間投資を誘導し、雇用を生み出すことである。このため、後述の大都市圏形成の推進組織の構成や計画推進にあたっては、このことに留意する。

3-3 新たな大都市圏創造のために必要なこと

①国の自立的発展思想の共有

　国が発展するためには、国の指導者だけでなく、国民も一緒になって、一つの方向に向かって国を発展させようという考えを共有することが必要である。

　しかし、今日の日本では、多くの国民はある程度の生活水準を獲得して、もうこれ以上国が発展しなくてもいいというような気持ちになっている。戦後のアメリカの対日政策の目標は日本が再びアメリカの脅威にならないことであったが、その狙いどおりに今日の日本は学校教育などを通じて、国よりも個人を重視し、発展よりも安定した生活を大切にする国になってきている。

　国の指導者はもちろん、国民全体で国家の意識を高めるとともに、自立的に発展する方向をめざす考えを共有する必要がある。国があってこそ、個人の権利も生活も守られるのである。また、日本の国が発展してこそ、より良い世界を築くことについて各国への影響力を行使することができるのである。日本は成長するアジアの力を取り込んで自国の成長を実現するのではなく、日本の国土や国民の潜在力を再認識し、内需主導で日本自らが発展することによりアジアをはじめ世界に貢献する「自立的発展」の国づくりをめざすべきである。

かつて日本は、全国総合開発計画を通じて「国土の均衡ある発展」という理念のもと国土づくりを進めてきた。これにより地域間の所得格差が縮小したという見方もあるが、実際には明治以来の国づくりの流れがあり、大都市圏へ集中と地方圏の衰退が進み、国土の均衡ある発展は実現されなかった。平等思想に基づく「国土の均衡ある発展」という考え方は、規制がなければ大都市圏がもっと発展したであろう可能性を奪うとともに、地方圏では効率性等の点では説明が困難なプロジェクトにも国が正当性を与える大義名分として使われ、結果として地方の自立性を弱める面もあった。日本が再び自立的に発展する国づくりを進める際には、日本全体で国土の均衡ある発展をめざすのではなく、地方に新たな大都市圏を設定し、そこに集中投資をして、既存の大都市圏との相乗効果により、日本を牽引する国づくりを進めることが重要である。

戦後の教育やマスコミ報道により国民の国家意識が徐々に失われてきたため、国民が国の自立的発展思想を共有するにも相当程度の期間が必要であろう。学校教育などでは、日本の国が発展することにより世界に貢献することの重要性や日本人としての誇りを持つことができるような歴史や文化を教えるとともに、地域の発展の基盤を築いた偉人の話や社会資本整備が地域の発展に貢献してきたことなどももっと伝えられるべきである。また、自然環境への関心が高まる中で開発への批判もあることから、国が発展するために自然環境と折り合いをつけた形で国土開発を進めていくことが必要であることを国民に伝えていくことも重要である。国の指導者は学校教育などを通じて国民の国家意識を高めつつ、新たな大都市圏の創造による国づくりを実現するための戦略を立て、国民の共感を得るための努力をしていく必要がある。

②**人口増加の政策**

ほとんどの日本人は、日本の将来人口は大幅に減少すると考えている。国立社会保障・人口問題研究所の平成24年1月推計（出生中位・死亡中位）によると、日本の人口は2010年の1億2,806万人から、50年後の2060年には8,674万人、100年後の2110年には4,286万人に減少すると見込まれており、この数値は報道機関を通じて国民に知らされている。国や地方自治体は、この人口

減少の推計値をもとに各種の計画や政策を立て、日本全体に「人口減少社会」「少子化社会」という将来が約束されたことのように刷り込まれている。

日本には、人口減少という道しかないのだろうか。以下では、海外からの移住者受け入れという方法ではなく、日本人の出生数の増加による人口増加策を検討する。

国立社会保障・人口問題研究所「出生動向基本調査（独身者調査）」によると、独身にとどまっている理由として（図4-17）、18～24歳では男女とも「まだ若すぎる」が最も多く、ついで「まだ必要性を感じない」と「仕事（学

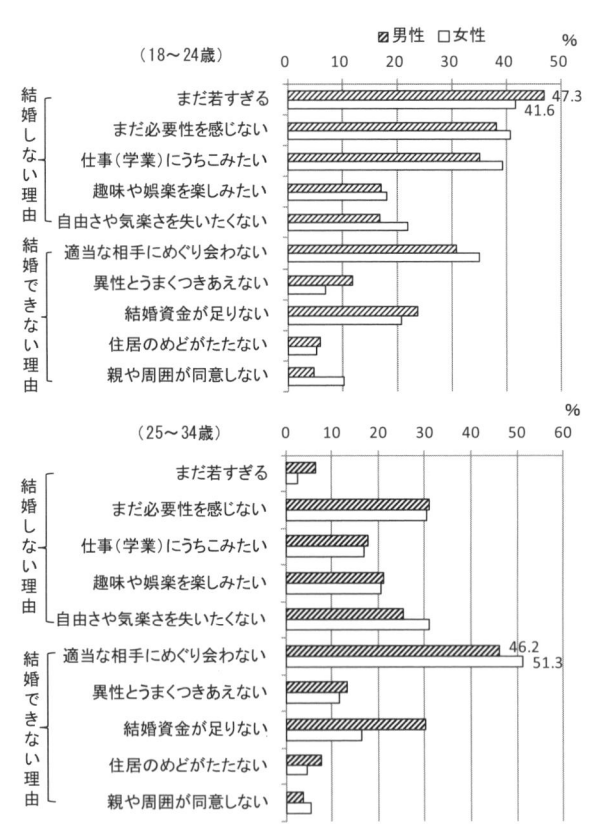

図4-17 独身にとどまっている理由

資料：国立社会保障・人口問題研究所「出生動向基本調査（独身者調査）」（2010年）より作成

業）にうちこみたい」が多いのに対して、25〜34歳になると男女とも「適当な相手にめぐり会わない」が最も多くなり、男性では「結婚資金が足りない」も多い。結婚の必要性を感じないとか、独身の自由さや気楽さを失いたくないという理由が多い背景には、戦後の教育により、家族や社会に束縛されずに個人を大切にする考え方が重視されてきたことがあると考えられる。個人を大事にしたいと考えている人の生き方を政策で変えることは容易ではない。しかし、結婚はしたいが適当な相手にめぐり会わない、あるいは結婚資金が足りないから結婚できないという独身者に対しては、何らかの支援策が考えられそうである。

「出生動向基本調査（夫婦調査）」によると、夫婦が出会ったきっかけについて（図4-18）、昭和57年（1982）には「見合い結婚」の割合が29.4％で第1位であったが、平成22年（2010）には5.2％にまで減少する一方で、「職場や仕事で」と「友人・兄弟姉妹を通じて」と「学校で」が合計で7割程度を占めている。「見合い結婚」の割合が低下した背景には、個人を大切にする考え方が強まるとともに、地域や親類縁者間の人のつながりが弱くなってきたことがあると考えられる。

このため、前述のように結婚はしたいが適当な相手にめぐり会わないという独身者に対しては、見合いの代わりに、公的機関が夫婦の出会いを創出するなどして結婚を応援することは人口増加を支援する一つの政策として有効であると考えられる。

また、「出生動向基本調査（夫婦調査）」によると、夫婦が理想とする子どもの数（理想子ども数）は（図

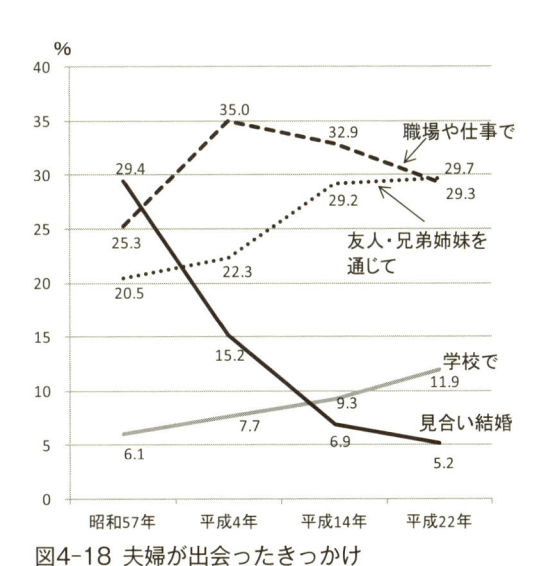

図4-18 夫婦が出会ったきっかけ
資料：国立社会保障・人口問題研究所「出生動向基本調査（夫婦調査）」より作成

4-19)、減少傾向にあるものの、平成22年（2010）で2.42人であるのに対して、夫婦が実際に持つつもりの子どもの数（予定子ども数）は2.07人となっている。予定子ども数が理想子ども数を下回る理由としては（表4-4）、「子育てや教育にお金がかかりすぎるから」が最も多く、特に30歳未満及び30代までの世代では経済的理由が多い。40代では経

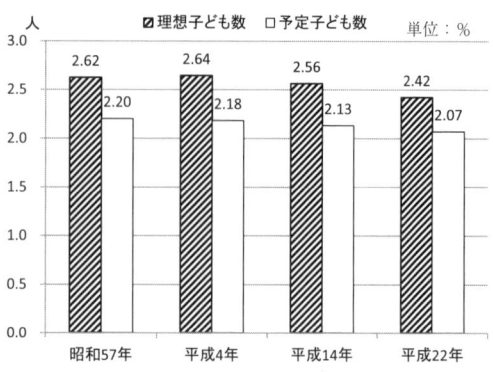

図4-19 理想子ども数と予定子ども数の推移
資料：国立社会保障・人口問題研究所「出生動向基本調査（夫婦調査）」より作成

表4-4 予定子ども数が理想子ども数を下回る理由（複数回答）

		妻の年齢				
		30歳未満	30〜34歳	35〜39歳	40〜49歳	全体
経済的理由	子育てや教育にお金がかかりすぎるから	83.3	76.0	69.0	50.3	60.4
	自分の仕事（勤めや家業）に差し支えるから	21.1	17.2	19.5	14.9	16.8
	家が狭いから	18.9	18.9	16.0	9.9	13.2
年齢・身体的理由	高年齢で生むのはいやだから	3.3	13.3	27.2	47.3	35.1
	欲しいけれどもできないから	3.3	12.9	16.4	23.8	19.3
	健康上の理由から	5.6	15.5	15.0	22.5	18.6
育児負担	これ以上、育児の心理的、肉体的負担に耐えられないから	10.0	21.0	21.0	15.4	17.4
夫に関する理由	夫の家事、育児への協力が得られないから	12.2	13.3	11.6	9.9	10.9
	一番末の子が夫の定年退職までに成人してほしいから	5.6	4.3	6.9	10.2	8.3
	夫が望まないから	4.4	9.9	8.9	6.2	7.4
その他	子どもがのびのび育つ社会環境ではないから	7.8	9.9	8.1	6.1	7.2
	自分や夫婦の生活を大切にしたいから	11.1	7.3	7.5	3.7	5.6

資料：国立社会保障・人口問題研究所「出生動向基本調査（夫婦調査）」（2010年）より作成

済的理由だけでなく、「高年齢で生むのはいやだから」や「欲しいけれどもできないから」、「健康上の理由から」など年齢や身体的理由も多い。すべての世代で経済的理由により出生数が抑制されている様子が確認できることから、子育てや教育にかかる費用を軽減したり、助成することにより、子どもの数を理想とする子ども数に近づけることが可能となる。また、高年齢が出生率の低下をもたらしている状況に対しては、早婚化を促す施策を講じることにより、出産が増える可能性があることが分かる。

このように独身者や夫婦を対象とした結婚や出産に関する調査は、現状でも、男女が知り合う機会を創出したり、早期の結婚を奨励したり、夫婦が希望する子どもを育てることができる経済的な環境整備を行うことなどにより、人口が増える可能性があることを示している。既に国や地方自治体では少子化対策としてこれらの取り組みを実施しているが、人口減少の流れを変えることができない状況にある。問題は、国や地方自治体が取り組む本気度であると考えられる。戦後、個人の自由を大切にする考え方が尊重される中で、国は戦中に行った出産奨励政策や戦後の出産制限政策を反省して、本気で人口増加に取り組んでいないように感じられる。

昭和16年（1941）に閣議決定された「人口政策確立要綱」では、出生増加の方策として、結婚年齢を3年早くすること、子ども数は5人を目標とすることなどが示され、出産奨励の計画が立てられた。しかし、戦後になると人口増加を懸念し、産児制限政策に転じ、昭和23年（1948）には優生保護法（現在の母体保護法）の制定により人工妊娠中絶が合法化されて、人工妊娠中絶が最も多かった昭和33年（1958）には出生数165万人に対して、人工妊娠中絶数は112万人（対出生比68.2％）に達した。[6] また、昭和49年（1974）の人口白書「日本人口の動向」では、副題が「静止人口をめざして」とされ、人口増加を抑止することをめざし、同年の第1回日本人口会議では「子供は2人まで」という大会宣言がマスコミで報じられたこともあり、翌昭和50年（1975）から出生率は低下した。[7] そして、今日は急速な人口減少という時代を迎えている。

国は戦中戦後の出産奨励・出産制限政策を反省して、急速な人口減少時代を迎えても、「少子化対策」という控えめな表現で対策を講じている。たし

かに結婚や出産は個人の自由であり、国が関与するのは余計なお世話だという風潮がある。個人の考えは尊重されなければならない。しかし、前述の調査結果で示したように、今日の国の有り様が結婚や出産を抑制しており、一方で結婚や出産を希望する国民がいる以上、国は状況を改善するために政策を講じる必要がある。その時々の状況に応じて国の人口規模をどの程度にするのかという人口政策は、国の基本政策の一つである。国民の思うままに任せておけば良い国ができるというものではない。国は個々人の考えを尊重しつつも、国民全体が幸せになることができるように最善の努力をしなければならない。平成26年（2014）に安倍内閣が、中長期の課題として人口減少問題に対応するため、50年後に1億人程度の安定した人口を保持することを経済財政運営の指針「骨太の方針」に明記し、第3子以降への重点的な支援を行うことなど少子化対策を表明したことは望ましいことである。

しかし、国は「少子化対策」ではなく、「人口増加の政策」を講じるべきである。国は人口増加の方針を国民に明確に伝えた上で、これまで国や地方自治体が実施してきた結婚や出産に関する施策をさらに強力に実施するほか、新たな大都市圏の創造に関連して人口増加のための新たな政策も検討すべきである。新たな大都市圏の創造は住環境や子育て・教育環境等の改善に寄与することから、これまで以上に人口増加の政策が効果を発揮することが期待される。

自立的な国づくりをめざす時に、日本の人口を増やして国内需要を拡大することが重要である。日本では明治17年〜昭和15年（1884〜1940）の56年間に人口が1.9倍に、また昭和27年〜平成22年（1952〜2010）の58年間に人口が1.5倍になった。新たに5つの大都市圏を形成して日本の国が発展することを考えれば、日本の人口が2010年の1億2,806万人から、100年後の2110年に1億5,000万人に約17％増加することを期待するのは、それほど非現実なものとは考えられない。

③新たな大都市圏創造の推進体制の整備
■新たな大都市圏創造の枠組み

日本に5つの新たな大都市圏を創造する事業は、概ね100年先の2110年を目

```
事業実施  |準備期間(α年)| 集中的な公共投資(50年) | 公共投資を活用した大都市圏の形成(50−α年)
財源確保                    特別に税金を徴収(100年)
2010年 人口1億2,806万人                        2110年 人口1億5,000万人
```

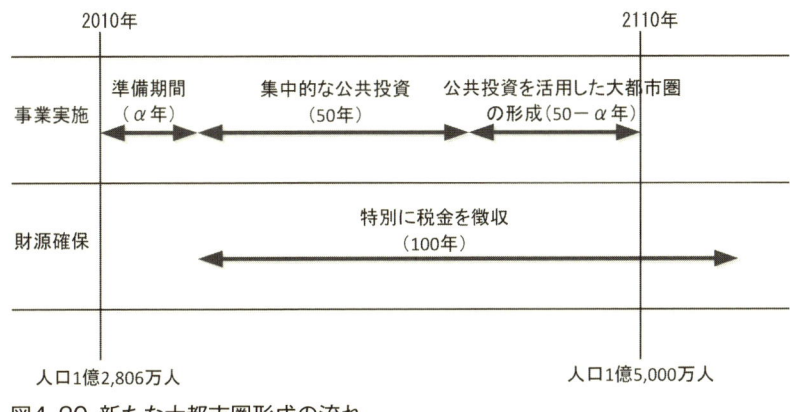

図4-20 新たな大都市圏形成の流れ

標とする国家プロジェクトである。国は、準備期間に計画や推進体制の整備等を行い、その後50年間集中的な公共投資を行い、残りの期間は公共投資を有効活用して産業経済活動や人口規模の拡大を図り、大都市圏を形成する（図4-20）。

公共投資の事業費は国費と民間資金により賄うこととし、このうち国費の財源は新たな大都市圏形成のために100年間にわたり特別に徴収する税金（法人税、所得税等）による。地方自治体の負担なしに国費とするのは、新たな大都市圏の創造は100年先の日本の国づくりのために行うものであり、特定の地域の利益のために行うものではないため、地方自治体に負担を強いることは妥当ではないと考えるからである。また、財源を特別に徴収する税金とするのは、建設公債の発行により財源を確保する場合には国民は何らかの形で間接的に借入金の返済を強いられることになるが、国民が毎年特別に直接負担することにより、新たな大都市圏の形成が国民の期待と監視のもとに遂行されると考えるからである。なお、公共投資の効果は、50年間の投資完了後も発現されるので、投資が行われている現役世代だけでなく、将来世代が負担することは合理的である。国の指導者だけでなく、国民にも、国としての自立的発展思想が共有され、新たな大都市圏の創造により将来の日本の国づくりを進めて行くことに多くの国民が支持すれば、特別税への理解は得られると考えられる。

表4-5 新たな大都市圏形成の推進組織

本部（全体計画の企画、調整等）	・北海道支部（北海道大都市圏の計画と実施） ・東北支部（東北大都市圏の計画と実施） ・北陸支部（北陸大都市圏の計画と実施） ・中国四国支部（中国四国大都市圏の計画と実施） ・九州支部（九州大都市圏の計画と実施）

■推進組織

　国と地方自治体が一体となって、公共投資を推進するとともに、その公共投資を有効活用して新たな大都市圏を創造するために、内閣に特別な推進組織をつくる（表4-5）。将来の日本の国づくりを担う推進組織は、本部と5つの新たな大都市圏創造を推進する支部で構成され、本部は全体計画の企画、既存の大都市圏との計画調整、5つの支部の管理等を行い、支部はそれぞれの新大都市圏の計画立案と実施を担当する。推進組織の職員は、国の職員と地方自治体からの出向者に加えて、民間セクター出身者で構成する。

　推進組織の目的は公共投資の実施ではなく、公共投資とその活用により新たな大都市圏を形成して日本の発展に貢献することである。国の職員は全国的あるいは広域的な視点で公共投資とその活用を効果的に実施し、地方自治体からの出向者は地域との連携を密にして公共投資による土地利用の高度化を進め、民間セクター出身者は民間投資の導入を促すなど、一致して新たな大都市圏の形成をめざす。

■新たな大都市圏の計画立案と推進

　新たな大都市圏の創造が日本の発展に結びつくように、全体計画については推進組織の本部で作成する。それを受けて、5つの新たな大都市圏の計画内容と計画実現のプロセスについては、支部がそれぞれの地域の実情に合わせて地域や国の発展にとって最大の効果を発揮することができる計画を立案し、本部や関係機関と調整の上で実施することとする。

　計画の推進にあたっては、推進組織はさまざまな行政分野間や国・地方自治体間の調整を行い、交通基盤、産業基盤、生活基盤、国土保全に関する

公共投資を計画的に実施するとともに、公共投資に合わせて周辺地域の土地利用の高度化が行われ、迅速に民間資本の導入を推進し、雇用の創出と人口増加が実現できるように、国の職員、地方自治体の出向者、民間セクター出身者が協力して実施する。日本の国の自立的発展に向けて、関係する人々が思いを共有することが重要である。

<注>
1) 大石久和「国土と日本人」156頁
2) 対外直接投資とは、IMFの定義によれば、他国の子会社・関連会社等に対して永続的な権益を持つことを目的として行う投資であり、現地法人の設立や既存の法人への資本参加等の形態があるが、株式等の取得を通じた出資については出資比率が10%以上を直接投資としている。キャピタルゲイン等を得るために海外の株式や債券等の証券に投資する間接投資とは区別される。
3) 経済産業省「海外事業活動動向調査」は海外に現地法人を有する日本の企業を対象としているが、金融・保険業、不動産業は対象から除かれている。なお、ここでいう海外現地法人とは海外子会社と海外孫会社を指し、海外子会社は日本側出資比率が10%以上の外国法人であり、海外孫会社は日本側出資比率が50%超の海外子会社が50%超の出資を行っている外国法人である。
4) 富岡幸雄「税金を払わない巨大企業」109-127頁
5) 例えばミャンマーでは、日本政府の後押しにより、日本企業による工業団地開発、企業誘致、企業経営が丸ごとパッケージで行われようとしている。平成25年（2013）10月に、日本の商社3社とJICAが出資して、ミャンマーの官民連合と開発会社を設立し、ティラワ経済特区の工業団地開発を開発することが発表されたが、これは日本の建設会社などが工事受注先となり、平成27年（2015）には開業する見通しで、平成25年（2013）10月の新聞報道によると、既に日本の商社による企業誘致活動によって日本の企業100社弱の進出が見込まれているという。工業団地周辺では発電所建設や港湾整備などのインフラ整備が進められる計画で、日本政府による200億円の円借款供与が決定済みである。
6) 厚生労働省「人口動態統計」及び厚生労働省統計情報部「衛生行政報告例」による。
7) 鬼頭宏「図説人口で見る日本史」169-170頁

参考文献

第1章

1) 土木学会編「明治以前日本土木史」(岩波書店、1936年)
2) 日本工業会編「明治工業史　6土木編」(原書房、1995年)
3) 日本土木史編集委員会編「日本土木史－大正元年～昭和15年－」(土木学会、1965年)
4) 日本土木史編集委員会編「日本土木史－昭和16年～昭和40年－」(土木学会、1973年)
5) 農業土木学会編「農業土木史」(農業土木学会、1979年)
6) 沢本守幸「公共投資100年の歩み」(大成出版社、1981年)
7) 鉄道省「日本鉄道史　上篇、中篇、下篇」(1921年)
8) 野田正穂・青木栄一・原田勝正・老川慶喜「日本の鉄道―成立と展開」(日本経済評論社、1986年)
9) 原田勝正「明治鉄道物語」(講談社、2010年)
10) 江見康一「長期経済統計4　資本形成」(東洋経済新報社、1971年)
11) 大蔵省「昭和財政史　第四巻　臨時軍事費」(東洋経済新報社、1955年)
12) 古厩忠夫「裏日本」(岩波書店、1997年)
13) 山口和雄「明治前期経済の分析」(東京大学出版会、1956年)
14) 長尾義三「物語日本の土木史」(鹿島出版会、1985年)
15) 高橋裕「現代日本土木史　第二版」(彰国社、2007年)
16) 武部健一「道のはなしⅠ」(技報堂出版、1992年)
17) 今村奈良臣・佐藤俊朗・志村博康・玉城哲・永田恵十郎・旗手勲「土地改良百年史」(平凡社、1977年)
18) 藤井信幸「地域開発の来歴」(日本経済評論社、2004年)
19) 山本基「社会資本整備と国づくり」(『人間幸福学研究』Vol.Ⅳ No.1、2012年)

第2章

1) 土木学会編「明治以前日本土木史」(岩波書店、1936年)
2) 日本工業会編「明治工業史　6土木編」(原書房、1995年)
3) 日本土木史編集委員会編「日本土木史－大正元年～昭和15年－」

(土木学会、1965年)
4) 日本土木史編集委員会編「日本土木史−昭和16年〜昭和40年−」
 (土木学会、1973年)
5) 高橋裕「都市と水」(岩波書店、1988年)
6) 松浦茂樹「治水長期計画の策定の経緯とその基本的考え方の変遷」
 (第6回日本土木史研究発表会論文集、1986年6月)
7) 中村晋一郎・沖大幹「我国における基本高水改定要因の変遷とその特徴」
 (水工学論文集第55巻、2011年2月)
8) 愛媛県土地改良事業団体連合会編「愛媛の土地改良史」(愛媛県、1986年)
9) とくしま地域政策研究所編「吉野川事典」(農山漁村文化協会、1999年)
10) 穴吹町誌編さん委員会編「穴吹町誌」(穴吹町、1987年)
11) 須崎市史編纂委員会編「須崎市史」(須崎市、1974年)
12) 須崎市立多ノ郷小学校「佐々木惣之丞」(須崎史談第136巻、2003年)
13) 建設省四国地方建設局徳島工事事務所編「那賀川改修史」
 (徳島工事事務所、1981年)
14) 真貝宣光「新川掘抜工事と第十堰の変遷」(学会誌吉野川創刊号、1997年)
15) 那賀川町史編さん委員会編「那賀川町史下巻」(那賀川町、2002年)
16) 国土交通省四国地方整備局・徳島県「那賀川水系河川整備計画」(2007年)
17) 羽ノ浦町誌編さん委員会編「羽ノ浦町誌 自然環境編」
 (羽ノ浦町、1996年)
18) 建設省四国地方建設局中村工事事務所編「渡川改修50周年記念写真集」
 (中村工事事務所、1979年)
19) 四国の建設のあゆみ編纂委員会「四国の建設のあゆみ」
 (四国建設弘済会、1990年)
20) 重信町誌編纂委員会編「重信町誌」(重信町、1975年)
21) 宍喰町教育委員会編「宍喰町誌 上巻」(宍喰町教育委員会、1986年)
22) 山川町史編集委員会編「改訂 山川町史」(改訂山川町史刊行会、1987年)
23) 澤田健吉「吉野川の歴史(その5)」
 (日本土木史研究発表会論文集、1985年6月)
24) 野市町史編纂委員会編「野市町史 上巻」(野市町、1992年)
25) 国土交通省四国地方整備局・高知県「物部川水系河川整備計画」(2010年)
26) 海南町史編さん委員会編「海南町史 上巻」(海南町、1995年)
27) 建設省四国地方建設局徳島工事事務所編「那賀川改修史」
 (徳島工事事務所、1981年)
28) 国土交通省河川局「吉野川水系河川整備基本方針」(2005年)
29) 鷲敷町史編纂委員会編「鷲敷町史 続編」(那賀町、2009年)
30) 大津地区町内会連合会・大津地区コミュニティ計画推進市民会議編
 「はばたけ大津2」(2003年)

31）高知県土木史編纂委員会編「高知県土木史」(高知県建設業協会、1993年)
32）国土交通省四国地方整備局・愛媛県
   「肱川水系河川整備計画（中下流圏域）」(2004年)
33）国土交通省四国地方整備局
   「吉野川水系河川整備計画－吉野川の河川整備（国管理区間）－」
34）林良嗣・奥田隆明・加藤博和・戸松保晴
   「経済発展への対応からみた戦後日本の道路整備に関する歴史的考察」
   (土木史研究第15号、1995年6月)
35）武藤博巳「道路行政」(東京大学出版会、2008年)
36）日本道路協会編「道路の長期計画」(日本道路協会、2014年)
37）紀伊半島・道と文化の研究会編「紀伊半島の道と文化」
   (ユニウス、2004年)
38）飯高町郷土誌編纂委員会編「飯高町郷土誌」(飯高町、1986年)
39）飯南町史編さん委員会編「飯南町史」(飯南町、1984年)
40）三重県編「三重県史　資料編近代1」(三重県、1987年)
41）建設省中部地方建設局紀勢国道工事事務所編「二十年の歩み」
   (紀勢国道工事事務所、1983年)
42）東吉野村史編纂委員会編「東吉野村史　通史編」(東吉野村、1992年)
43）大淀町編「大淀町史」(大淀町、1973年)
44）奈良県編「奈良県政七十年史」(奈良県、1962年)
45）国土交通省近畿地方整備局奈良国道事務所編「奈良国道事務所50年史」
   (奈良国道事務所、2003年)
46）和歌山県政史編さん委員会編「和歌山県政史　第一巻」
   (和歌山県、1967年)
47）和歌山県政史編さん委員会編「和歌山県政史　第二巻」
   (和歌山県、1971年)
48）和歌山県政史編さん委員会編「和歌山県政史　第三巻」
   (和歌山県、1968年)
49）和歌山県政史編さん委員会編「和歌山県政史　第四巻」
   (和歌山県、1980年)
50）和歌山県政史編さん委員会編「和歌山県政史　第五巻」
   (和歌山県、2002年)
51）山本基「道路整備と地域づくり」
   (第28回日本道路会議論文集、2009年10月)

第3章

1）スティーヴン・シュロスタイン（植山周一郎訳）
   「エンド・オブ・アメリカ（上、下）」(扶桑社、1990年)
2）森嶋通夫「なぜ日本は没落するか」(岩波書店、1999年)

3) 経済企画庁「公共投資基本計画」(1997年)
4) 奥野信宏「地域は『自立』できるか」(岩波書店、2008年)
5) 21世紀環境委員会「巨大公共事業」(岩波書店、1999年)
6) 五十嵐敬喜・小川明雄「公共事業をどうするか」(岩波書店、1997年)
7) 財務省財務総合政策研究所
   「『地方経済の自立と公共投資に関する研究会』報告書」(2001年)
8) 井堀利宏「公共事業の正しい考え方」(中央公論新社、2001年)
9) 藤井聡「公共事業が日本を救う」(文藝春秋、2010年)
10) 武藤博巳「道路行政」(東京大学出版会、2008年)
11) 国土交通省道路局、都市・地域整備局「費用便益分析マニュアル」
    (2008年)
12) 大石久和「国土と日本人」(中央公論新社、2012年)

第4章

1) 川上征雄「国土計画の変遷」(鹿島出版会、2008年)
2) 経済企画庁「全国総合開発計画」(1962年)
3) 経済企画庁「新全国総合開発計画」(1969年)
4) 田中角栄「日本列島改造論」(日刊工業新聞社、1972年)
5) 国土庁「第三次全国総合開発計画」(1977年)
6) 国土庁「第四次全国総合開発計画」(1987年)
7) 国土庁「21世紀の国土のグランドデザイン」(1998年)
8) 国土交通省「国土形成計画(全国計画)」(2008年)
9) 大石久和「国土と日本人」(中央公論新社、2012年)
10) 奥野信宏「公共経済学 第3版」(岩波書店、2008年)
11) 奥野信宏「地域は『自立』できるか」(岩波書店、2008年)
12) 鬼頭宏「人口から読む日本の歴史」(講談社、2000年)
13) 鬼頭宏「図説人口で見る日本史」(PHP研究所、2007年)

あとがき

　1990年代以降、社会資本整備に国づくりの視点が希薄になっている。社会資本整備における国づくり思想の希薄化は、現象面だけで見ると、1990年代以降の日本内外を取り巻く状況の変化によってもたらされたように見えるが、明治以降、それまで社会資本整備に関わっていた地域の住民に代わって、行政が推進主体となって社会資本整備を推進する過程で、社会資本整備と国づくりの関わりがしだいに希薄化し、推進主体に対する国民の支持が薄れてきたことが根底にあり、それが1990年代以降に顕在化してきたと考えられる。

　こうした動向に配慮して、社会資本整備の計画に地域住民が参加したり、住民の意見を反映させるための取り組みも行われている。地域の住民の意見を聞き、住民の意見を事業に反映させることは重要である。しかし、住民は概して大局的、広域的、長期的な視点で判断することが困難であり、大規模で広域的で長期間にわたる事業であるほど、住民が主体的に対応することは難しくなる。今日、社会資本整備を総合的に判断できる主体は行政以外にはあり得ないと考えられる。このため、推進主体である行政には、先人が基礎としていた統治の思想、発展の思想、利他の思想に学び、あるべき国の姿に向けて社会資本整備を行うことが求められている。

　それでは、あるべき国の姿とは何か。明治以降、日本は大都市圏に集中的に公共投資を行い、大都市圏が日本全体を牽引する国づくりを進めてきた。戦後、全国総合開発計画により「国土の均衡ある発展」をめざしたものの、市場経済の力に支配されて、大都市圏への人口や諸機能の集中は継続され、地方圏では投資の抑制や人口の流出等により地域が衰退してきている。そして、今日、国内総生産が伸び悩みを見せる中で、今度はアジアなど海外の成

長力を取り込むという考え方で国づくりが進められている。しかし、このまま海外の成長力を取り込む考え方で国づくりを続けていけば、日本は衰退する。日本は海外に頼るしかない、日本の人口は減少するなどという、今日の日本を支配している既成の考えから転換しなければならない。

　明治以降、先人はそれまでの流れを断ち切って、世界が驚くような日本の発展を実現してきた。日本を発展させる潜在的な力は日本の中にある。その力を発揮するための一つの方策が新たな大都市圏の創造である。新たな大都市圏の創造などできるはずがないと、できない理由を並べ上げるよりも、日本の国のあるべき姿を描いて、どのようにしたら目標を実現することができるかを考える方が有益である。国の指導者は、100年先の日本のあるべき姿をめざして、日本の国を発展させる道筋に国民を導くことが重要である。それぞれの地域特性に合わせて具体的にどのような新たな大都市圏を形成するのか、どのような方法や手順で新たな大都市圏を創造するのか、それぞれの新たな大都市圏の創造をどのように日本全体の発展に結びつけるのかなど、今後検討すべき課題は多い。

　筆者は、公益法人の調査研究機関を経て、3年前に株式会社社会資本研究所を設立して、今日に至っている。この間、社会資本整備や国づくり、地域づくり等の調査研究に関わってきた。本書は、筆者がこれまでに現実の世の中を対象に調査研究を行ってきて、学び、考えたことをとりまとめたものである。社会資本整備を国の発展に活かしていくためには、経済と土木を結合させて、総合的・長期的な視点で国づくりを進めていくことが重要であると考えている。

　筆者は、数年前にインドネシアで円借款事業の調査に参加したことがある。ダム建設、灌漑事業、大学整備、マングローブセンター整備、海岸保全、下水道事業、鉄道建設などの調査を通して感じたことの一つは、総合的に見ることの大切さであった。インドネシアでは国の指導者も国民も、国や地域を発展させたいという思いを共有し

ていると感じた。そこでは、一つ一つの事業のB/Cがどうのこうのではなく、総合的につまり「どんぶり勘定」で社会を豊かにすることが目標となっていた。かつての日本もこうだったのだろうと思う。

　ところが、今日の日本では、目先の細かいことや数字にとらわれすぎて、総合的・長期的な視点で見ることができなくなってきている。例えば、ある事業を実施する場合には、それぞれの事業を所管する役所が細かい基準を設けた上でB/Cを計算するなどして、事業の妥当性等を判断しているが、このやり方では、役所の守備範囲外の便益は見逃されがちであり、本来、総合的に見れば社会に貢献することができる事業が過小評価されたり、事業が実施されない可能性も出てくる。事業仕分けなどの実施により、無駄を省くこと、支出を減らすことへの関心が高まったが、限られた枠の中では便益が小さいものでも、社会全体で見るともっと大きな便益をもたらす場合もある。また、短期的には便益が小さく見えても、長期的な発展可能性を考慮に入れると大きな便益を生み出す可能性もある。国の指導者は、物事を小さな枠内で、しかも限定された価値尺度だけで見るのではなく、あるべき国の姿をめざして、総合的・長期的な視点で国づくりを行うことが重要であると考える。

　本書の内容の一部は、特定非営利活動法人ジオストラテジー研究機構が定期的に開催している研究会で報告したものである。同研究機構の理事長代行・天本俊正氏と理事・芦田充氏には毎回の研究会で的確なアドバイスと励ましをいただいた。記して謝意を表するしだいである。

　最後に、本書の出版に当たっては、株式会社亜紀書房専務取締役の桜井和子氏はじめ皆様に大変お世話になった。心からお礼を申し上げたい。

　　　　平成26年10月

　　　　　　　　　　　　　　　　　　　　　　　　　　山本　基

索　引

あ行

アジア通貨危機　159
安倍内閣　109,159,182
アベノミクス　109,168
新たな大都市圏　4,170-177,182-184,191
新たな中期計画　131,132
域内総生産　45-49
池田内閣　146
諫早湾干拓　110
オイルショック　77,87,101,106,147,151
御手伝普請　13,16,20
小渕内閣　107

か行

海外依存の国づくり　4,169,170
改革と展望　109,126,127
開墾助成法　14
海部内閣　106
河川整備計画　59,72,73,125
河川法
　　14,18,53,55,57-59,63,68,72,91,95,125,137
関東大震災　14,26,54,76
既往最大主義　56,68
企業の海外展開　167-170
行政投資実績　35-37,50
近畿圏工場等制限法　147
国役普請　12,16
現地法人　161-169
小泉内閣
　　36,79,108,109,112,114,126,127,130,
　　149,152
高規格幹線道路　78,87
高規格堤防（スーパー堤防）　58,95

工業再配置促進法　147,149
公共事業関係費　3,35,50,105-110
公共事業批判
　　1,3,16,58,71,93,95,100,110,112-114,129,
　　136,138-140,142,148,152
工業整備特別地域　15,146
工業整備特別地域整備促進法　146,149
公共投資基本計画　3,36,106,107,109,126
耕地整理法　14
公的固定資本形成
　　35,36,38-42,45,48,50,155,156
港湾整備緊急措置法　15
港湾整備五ヵ年計画　15
五街道　13
五畿七道　11
国土開発幹線自動車道建設法　78,87
国土強靭化計画　80,172
国土形成計画　150,157,174
国土形成計画法　149,157
国土総合開発法　15,146,149,157
国土の均衡ある発展
　　4,49,107,148-154,157,171,177,190
国内総生産　4,48,49,158,159,168,170,190
国民所得倍増計画　49,146
国民総所得　158,159,168

さ行

財政構造改革推進法　36,107
参勤交代　13,18,73,81
七道駅路　10,18,20
自動車専用道路　78,87,88
自普請　53,59,60,62
社会資本整備重点計画　131,150

193

住民投票　59, 71, 114, 116-125
住民と行政の対立　58, 93
受益と負担　66
出産奨励　181
出産制限　181
首都圏工場等制限法　147
自立的な国づくり　4, 170, 174, 182
人口集中　33, 45, 95, 96, 147, 155
人口政策確立要綱　181
新産業都市　15, 146
新産業都市建設促進法　146, 149, 153
新自由主義　106
新全国総合開発計画（新全総）
　87, 147, 148, 151, 153
新直轄方式　88, 89, 129
水害訴訟　56, 93
水系一貫主義　55, 67, 69, 91
鈴木内閣　35, 106
頭脳立地法　148
政府固定資本形成　22, 23, 27, 28, 31
全国新幹線鉄道整備法　147
全国総合開発計画（一全総）
　15, 86, 109, 146, 148, 149, 151, 153, 154, 157, 171, 177, 190
総合保養地域整備法（リゾート法）
　102, 148, 154

た行

対外直接投資　159, 167, 169
第三次全国総合開発計画（三全総）
　147, 148
第十堰
　58, 59, 61, 62, 65, 71, 73, 93, 114-125, 137
大都市圏牽引型の国づくり
　2, 3, 30, 46, 49, 171, 172

太平洋ベルト地帯
　1, 2, 15, 24, 25, 146-148, 151
第四次全国総合開発計画（四全総）
　78, 87, 148, 154
多極分散型国土形成促進法　148
ダム等事業審議委員会　58, 71, 115, 137
地域高規格道路　88
地先管理主義　55
治水五ヵ年計画　56, 57
治水十ヵ年計画　15
地方拠点都市地域整備等促進法　148, 154
地方分権　12, 13, 16, 17
中央集権　13, 16, 17, 53, 91, 95, 103, 140
超過確率主義　56, 57, 68
TPP交渉　168
鉄道国有法　14, 18, 24
東西冷戦の終結　100, 101
統治の思想　2, 20, 21, 137-140, 146, 190
道路関係四公団　79, 89, 95, 126-129
道路整備五ヵ年計画　15, 77, 86, 92
道路整備特別措置法　78
道路特定財源　79, 89, 95, 126, 127, 130, 131
道路の中期計画　79, 90, 130
道路法　15, 18, 74, 77, 83, 84, 86, 92
都市再生特別措置法　149
土地改良法　15

な行

中曽根内閣　35, 106
長良川河口堰　58, 71, 93, 110, 111, 115, 137
21世紀の国土のグランドデザイン
　148, 149, 157
日米経済摩擦　102
日米構造問題協議　36, 101, 106
日本列島改造論　147, 151
農村地域工業導入促進法　147

は行

橋本内閣　36, 107, 112
発展の思想　2, 21, 137-140, 146, 190
鳩山内閣　109
バブル経済の崩壊
　　36, 79, 101, 102, 148, 151, 159, 168
阪神・淡路大震災　36
藩普請　53, 59, 60, 61
東日本大震災　79, 136
費用対効果　79, 105, 126, 131
費用便益比（B/C）　132, 136, 192
賦課方式　65, 66
武家役普請　12
プラザ合意　102, 148, 159, 167
細川内閣　103
骨太の方針
　　108, 126, 127, 130, 133, 149, 152, 182

ま行

民間固定資本形成
　　27, 28, 31, 40-42, 45, 48, 155, 156
村役普請　12
村山内閣　106

や行

優生保護法　181
有料道路制度　78

ら行

リーマンショック　159, 161
利他の思想　2, 21, 137-140, 146, 190

著者紹介　　　山本　基（やまもと　もとい）
　　　　　　　株式会社社会資本研究所代表取締役
　　　　　　　1954年北海道生まれ。高崎経済大学経済学部卒業
　　　　　　　明治大学大学院政治経済学研究科博士後期課程単位
　　　　　　　取得退学、財団法人日本システム開発研究所を経て
　　　　　　　2011年より現職。立命館大学非常勤講師等を歴任
　　　　　　　著書に「紀伊半島の道と文化」（共著）ほか

社会資本整備と国づくりの思想

平成26年11月20日　初版発行
平成27年 5 月22日　第 2 刷発行

著　者　　山本　基
　　　　　〒143-0025　東京都大田区南馬込4-23-13
　　　　　　　　　　　株式会社社会資本研究所
　　　　　　　　　　　電話　03(3772)9147

発　行　　株式会社　亜紀書房
　　　　　〒101-0051　東京都千代田区神田神保町1-32

印　刷　　株式会社　トライ
　　　　　http://www.try-sky.com

乱丁本、落丁本はお取り替えいたします。